NOTICE BIOGRAPHIQUE

SUR

MONSEIGNEUR ANDRÉ RÆSS

ÉVÊQUE DE STRASBOURG

TRADUITE DE L'ALLEMAND DE BERNHARD

Par

ALBERT GANDELET

MEMBRE DE L'ACADÉMIE DE METZ ET DE LA SOCIÉTÉ PHILOMATIQUE DE VERDUN

> « Et quels que soient le bruit et la furie
> des vagues soulevées, le rocher de la foi
> défie toutes les tempêtes. »
> *Molitor, sur Jubelfeier Bischof Andreaz.*
> (Am 11 september 1866).

PARIS-AUTEUIL

IMPRIMERIE DES APPRENTIS CATHOLIQUES
Roussel. — 40, rue La Fontaine, 40

1878

NOTICE BIOGRAPHIQUE

SUR

MONSEIGNEUR ANDRÉ RÆSS

Traduction autorisée par les éditeurs.

NOTICE BIOGRAPHIQUE

SUR

MONSEIGNEUR ANDRÉ RÆSS

ÉVÊQUE DE STRASBOURG

TRADUITE DE L'ALLEMAND DE BERNHARD

Par

ALBERT GANDELET

MEMBRE DE L'ACADÉMIE DE METZ ET DE LA SOCIÉTÉ PHILOMATHIQUE DE VERDUN

« Et quels que soient le bruit et la furie des vagues soulevées, le rocher de la foi défie toutes les tempêtes. »
Molitor, zur Jubelfeier Bischof Andreas.
(Am 11 septembre 1866).

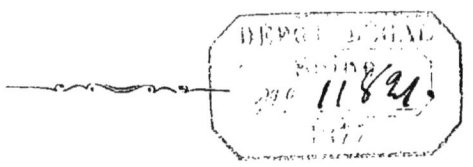

PARIS-AUTEUIL

IMPRIMERIE DES APPRENTIS CATHOLIQUES
Roussel. — 40, rue La Fontaine, 40

1878

A

NOTRE TRÈS-SAINT PÈRE LE PAPE

PIE IX

PONTIFE INFAILLIBLE ET ROI DE ROME

RESPECTUEUX HOMMAGE

DE LA VÉNÉRATION LA PLUS PROFONDE ET DU DÉVOUEMENT

LE PLUS FILIAL DU TRADUCTEUR.

En 1873 parut à Wurtzbourg un recueil des biographies de tous les évêques qui gouvernent actuellement l'Eglise d'Allemagne.

C'est dans ce recueil que nous avons lu les pages suivantes consacrées à redire les services éminents que l'Évêque de Strasbourg rendit à l'Eglise comme Professeur au séminaire de Mayence, comme Fondateur du journal *le Catholique*, comme Écrivain et comme Évêque de Strasbourg ; services qui lui méritent de se voir considéré à juste titre comme une des gloires de l'épiscopat.

Or, si l'Allemagne croit devoir compter Mgr Ræss parmi ses docteurs et ses savants, il nous a semblé que la France, qui lui a donné le jour, et qui, depuis de longues années, le range parmi ses plus illustres évêques, a le droit de connaître ces pages écrites à la gloire d'un de ses enfants. En attendant qu'à son tour elle lui consacre dans son histoire la place qui lui est due, pour plusieurs, nous osons l'espérer, ces quelques lignes, malgré leur imperfection, ne seront pas sans intérêt.

Ce n'est ni un panégyrique ni un éloge que nous avons eu la pensée d'offrir au public. Pour les chrétiens, « le sage a raison de dire que leurs seules actions les peuvent louer, » (1) et, d'ailleurs, « toute autre louange languit auprès des grands noms. » (2) Ce sont des faits que nous avons voulu citer, parce que ce sont eux qui feront bien connaître le pieux Prélat qui gouverne, depuis 36 ans, le diocèse de Strasbourg.

Pour terminer, que l'on nous permette de faire un rapprochement.

A l'heure présente, le Saint-Père est seul devant la révolution, qui s'apprête en redoublant ses blasphèmes à achever son œuvre sacrilége. Mais le saint Pontife de Rome, dans une inébranlable confiance en la parole de Jésus-Christ, reste calme et ferme au milieu des catastrophes et des ruines qui s'accumulent. Bien plus, une attente universelle et invincible parmi les catholiques s'obstine à entretenir sur le prisonnier du Vatican je ne sais quel sourire prophétique de l'Immaculée Vierge qui semble lui dire : « Vieillard, essuie tes larmes. Voici accourir mon heure et la tienne. Tu m'as rendu gloire au Ciel; en retour, je veux la terre en vénération devant ton nom, ton courage, ta puissance. Je n'ai prolongé ta

---

(1) Prov., XXXI, v. 13.
(2) Bossuet.

vie que pour que tu atteignes le triomphe, et nul n'y méconnaîtra ma main ni la main de mon fils. » Aucun des 92 évêques successivement élevés sur le siége de Saint-Amand n'eut peut-être à traverser des temps aussi calamiteux que Mgr Rœss, nul ne fut peut-être frappé d'aussi terribles coups, soumis à d'aussi cruelles épreuves; car pas une douleur n'a manqué à son âme de Pasteur et de Français; que l'Évêque de Strasbourg reçoive donc le vœu que formuleront certainement avec nous tous les catholiques vrais et sincères de l'Alsace et de la France : c'est qu'un rayon de cette gloire promise à Pie IX lui apparaisse, qu'un jour de ce triomphe réservé à l'Eglise et à son Vicaire sur la terre, lui soit accordé par Dieu comme récompense de la lutte que, dans sa longue et belle vie de 84 ans, il a toujours soutenue contre les ennemis de l'Eglise.

Ce 30 novembre 1877, en la fête de saint André, apôtre, Patron de Mgr Rœss.

> « Et quels que soient le bruit et la furie des vagues soulevées, le rocher de la foi défie toutes les tempêtes. »
> *Molitor, zur Jubelfeier Bischof Andreas.*

Une vie riche en années, mais plus riche encore en grandes actions toutes inspirées par la foi, telle est la vie de l'Évêque de Strasbourg. « J'ai cru, c'est pourquoi j'ai parlé » (1), c'est le texte biblique dont il se servit, au retour du Concile du Vatican, pour rendre compte de sa conduite au Clergé et au peuple de son diocèse ; c'est aussi en résumé, l'histoire de sa vie entière. Et si cette parole pouvait se graver plus profondément encore dans l'âme de ce noble athlète vieilli, ce serait certes en ce moment où pour lui le jour s'incline, où la croix éclairée des derniers rayons du soleil projette au loin son ombre. Conserver l'antique foi de ses pères, la propager autour de lui par la parole, la plume et l'action, et tout cela au prix de sacrifices généreux, telle fut la tâche qu'il s'imposa comme but de sa vie. Ces quelques pages montreront rapidement comment, tour à tour Professeur, Écrivain, Évêque, il a su atteindre ce noble but.

Défendre et propager la foi à une époque qui s'ouvre en 1794 par le terrorisme de Robespierre pour aboutir au système hégélien sur l'Etat omnipotent érigé en principe, ne pouvait être une œuvre de paix, mais une lutte et un combat. Ce fut donc en luttant et en combattant que Mgr Ræss com-

(1) Ps. CXV, v. 1.

mença à Mayence sa carrière de Professeur et d'Ecrivain ; ce fut en luttant et en combattant qu'il la continua comme Evêque de Strasbourg, et à cette heure que les apparences semblent faire triompher les principes de l'Etat, à la lutte et au combat vient se joindre la souffrance.

De 1816 jusqu'à ce jour, voici ses œuvres : Professeur à Mayence et à Strasbourg, il enthousiasme des milliers de jeunes gens pour l'Eglise et pour la science ; Écrivain, il rédige pendant de longues années *le Catholique* de Mayence et publie en collaboration avec Mgr Weiss 86 volumes d'articles originaux, de traductions et de mélanges auxquels il ajoute plus tard les 11 volumes de son grand ouvrage sur *les Convertis* (1) ; Évêque depuis 1841, il gouverne avec une sollicitude toute pastorale l'un des plus importants évêchés du monde.

Trente-deux années d'un épiscopat très-actif, 99 volumes livrés à la publicité, une légion d'étudiants et de prêtres instruits : telle est la gerbe pleine et glorieuse avec laquelle ce vénérable Prélat pourra se présenter au divin Père de famille.

---

(1) Die Convertiten seit der Reformation nach ihrem Leben und aus ihren Schriften dargestellt von Dr. Andreas Ræss, Bischof von Strassburg. — Mgr Ræss a publié en 1875 le 12° volume. — Zwölfter Band. (zweiter Nachtrag) von 1566 *bis* 1800.

I. — JEUNESSE

Dans la région la plus pittoresque de cette belle Alsace si justement surnommée par le poëte Balde « une verte émeraude à la bague du monde, » au milieu de riches coteaux plantés de vignes, adossé à la chaîne des Vosges se trouve Siegolsheim, berceau de l'Évêque. Le vieux proverbe autrefois si connu dans l'Empire germanique s'applique avec justesse aux environs de Siegolsheim : « Dans toute l'Alsace, chaque montagne est couronnée de trois châteaux, chaque cimetière abrité par trois églises et chaque vallée embellie par trois villes. »

Bernard Ræss, le père, était vigneron, et son épouse, l'honorable et vertueuse Marie-Eve Hirsinger de Niedermorschwihr, était une femme forte telle que l'a dépeinte Salomon. André Ræss, le dernier de sept enfants, vint au monde le 6 avril 1794, au temps où, sous Robespierre, florissait le règne de la Terreur, où les églises étaient fermées et où l'administration des Sacrements était punie de la peine de mort par l'Etat omnipotent. Ce fut donc en secret que le baptême dut lui être donné par M. Ingold de Staffelfelden, prêtre non assermenté, qui avait trouvé un abri sous le toit hospitalier de Bernard Ræss.

Point d'école alors ni de service divin. Souffrant en silence dans leur cœur, les parents se virent privés de ces secours et obligés d'élever eux-mêmes leurs enfants, tâche qu'ils accomplissaient avec zèle. Quant à l'Eglise, avec ses bénédictions, ses joies et ses consolations, elle était foulée sous les pieds des tyrans sanguinaires et chaque cri de la conscience chrétienne était étouffé. Le bruit lointain de la guillotine, sous le couperet de laquelle coulait à flots le sang du Roi, des prêtres et des citoyens, pénétrait, en l'ébranlant, jusque dans le sanctuaire des familles, remplissant de douleur le cœur des parents et de mélancolie celui des enfants. Lorsque, après avoir soigneusement fermé les portes et les fenêtres, Marie-Eve assemblait sa famille pour la prière, elle ne cessait de recommander une chose : de supplier Dieu de mettre fin à ces temps mauvais et de rendre à la religion la paix et la liberté.

Deux ans plus tard, Bernard Ræss mourut, laissant à sa veuve de nombreux enfants, dont plusieurs encore en bas âge. La situation de l'Eglise ne s'était point encore améliorée ; l'Etat tout-puissant s'était débarrassé de la déesse *Raison*, il avait également renversé avec Robespierre l'*Être Suprême*, mais les *théophilanthropes* en essayant une nouvelle manière de culte divin se couvrirent des lauriers d'un immortel ridicule. Les églises, ouvertes pendant quelques temps, furent de nouveau fermées et les prêtres envoyés à Cayenne. De temps à autre, pour consoler et instruire, quelques prêtres proscrits se présentaient chez Bernard Ræss et récompensaient par des consolations chrétiennes et la distribution des Sacrements l'hospitalité qui leur était donnée. C'est une remarque générale faite en Alsace, que les familles qui exercèrent cette œuvre de charité, reçurent comme bénédiction le don d'une foi vive et celui de la vocation religieuse pour leurs enfants. Il en fut ainsi dans la famille Ræss.

D'une main guidée par la foi, la veuve de Bernard Ræss présidait avec fermeté à son ménage et à l'éducation de ses enfants, et gravait en l'âme de ses fils et de ses filles des sentiments religieux que rien ne put jamais ébranler, mais qui, en son plus jeune fils, devaient produire des fruits magnifiques. Prudente, alerte, énergique, active jusqu'au grand âge de 93 ans, elle sut jusqu'à la fin faire valoir son ascendant maternel. Lorsque Mgr Ræss, revêtu de la dignité épiscopale, retourna pour la première fois dans son pays natal, la municipalité alla au-devant de lui pour lui présenter ses félicitations. La mère, elle aussi, s'avança et tint à son fils élevé en dignité, sur les nouveaux devoirs de sa Charge pastorale, un discours aussi substantiel que chaleureux, tel qu'une mère seule pouvait le prononcer.

Elle lui transmit son caractère ferme et son esprit éveillé ; mais le meilleur qu'elle lui laissa fut ce bien, le plus précieux des familles catholiques, une foi affermie par la persécution. Ni dans ses relations avec la science allemande, ni dans ses longues années de combat avec les adversaires du catholicisme, jamais cette foi vive n'abandonna Mgr Ræss ; elle fut encore sa lumière au Vatican. Les chrétiens, qui pendant dix ans avaient enduré, pour l'amour de leur religion, un continuel martyre, devaient nécessairement mériter pour eux et leurs enfants le don de la foi à un degré plus élevé.

La France ne possédait point alors d'établissements religieux tels que Mme Ræss en désirait pour ses fils ; mais dans le voisinage, se trouvait un ancien religieux, le Père Thaddée Gschickt. Il lui offrit d'enseigner les premiers rudiments des langues au jeune André et à son frère aîné, qui plus tard fut curé de Rosheim. Comme l'enfant se montra très bien doué, le maître conseilla à sa mère de le laisser continuer ses études. C'est ainsi qu'il vint au collège de Schlestadt et plus tard à Nancy pour faire ses humanités et étudier la rhétorique. Il en retira un grand avantage ; il acquit une connaissance profonde de la langue française, qui plus tard lui fut si nécessaire dans sa carrière d'Écrivain et d'Évêque.

Ce fut à Mayence qu'il étudia la philosophie et la théologie. Mayence exerçait une attraction magnétique depuis que Mgr Colmar en occupait le siége épiscopal, que Libermann, autre Alsacien, dirigeait le séminaire, que Kauffer professait le droit canon et que Bruno Mertian était devenu directeur du même séminaire. C'étaient tous des compatriotes. Ce que le professeur Sailer, novice des Jésuites, faisait en Bavière pour la propagation de la vie religieuse, Mgr Colmar et Libermann, tous deux élèves des Jésuites, le pratiquaient à Mayence. Tous deux ils avaient fait leurs preuves au temps de la persécution : Mgr Colmar à Strasbourg, sous le règne de la Terreur ; Libermann, contre le césarisme civil et religieux de Napoléon jusqu'en la prison d'Etat de Vincennes. Ils avaient souffert la persécution pour leur foi, ils aimaient leur foi avec ardeur, ils pouvaient donc avec succès allumer cette sainte flamme dans le cœur de leurs élèves qui, eux aussi, étaient fils de confesseurs de la foi. Longtemps encore après la mort de Libermann, dans la Hesse et le Palatinat on disait des membres du clergé que l'on voulait qualifier d'excellents : « C'est un *Libermannien.* » — Libermannien était synonyme de pureté de foi inviolable et de dignité dans la vie sacerdotale.

Libermann enseignait le dogme d'après des cahiers qu'il rédigeait pour ses cours. Depuis, ces cahiers devinrent l'ouvrage si connu sous le titre *Institutiones theologicæ*, où la forme scolastique s'unit heureusement à la nouvelle méthode d'exposition. Cet ouvrage reçut généralement un accueil favorable et fut introduit comme livre classique dans un grand nombre de séminaires d'Allemagne, de Suisse, d'Amérique et jusqu'au collège de la Propagande, à Rome.

En fréquentant ses cours, le jeune Rœss fortifiait en lui cette inclination pour la vraie orthodoxie qu'il avait apportée de la maison paternelle comme un bien héréditaire. L'exposition claire de Libermann, son latin classique, la chaleur avec laquelle il développait, devant ses élèves, les résultats fraîchement acquis de ses études, exerçaient sur eux une heureuse influence en les instruisant et en les stimulant. A côté d'André Rœss, se formaient Geissel, Weiss, Klée, Luft et d'autres, dont les jeunes intelligences s'attachaient à l'âme forte et aciérée de Libermann comme de jeunes plantes à l'une des dernières colonnes de l'édifice religieux qui, après avoir résisté à la révolution, se tenait debout au milieu de la société contemporaine.

Quiconque eût été témoin de ce zèle pour l'étude et la pratique de la vie ascétique, aurait pu à peine se souvenir de la situation réelle d'alors. C'était en 1812 ; le bruit de la guerre remplissait l'Europe, et, dans un sanglant duel, Napoléon l'excommunié luttait contre le Dieu qui veille sur son Eglise. Mayence était un lieu de concentration pour les troupes françaises, la première étape allemande qui conduisait aux champs de bataille de l'Allemagne et de la Russie. La religion impuissante paraissait vaincue, et Pie VII était à Fontainebleau dans les fers. C'est précisément une belle opération de la Providence de susciter dans l'Eglise, au temps même de ses défaillances, des forces destinées à la relever. De semblables forces se formaient silencieusement à Mayence sous la protection de Napoléon au moment même où celui-ci, comme un volcan épuisé, s'écroulait sur lui-même, entraînant après lui l'omnipotence dévastatrice de l'Etat qui écrasait le catholicisme.

Les élèves de Mayence ne devaient pas seulement se former à la foi et à la science, mais bientôt s'offrit à leur zèle un vaste champ pour l'exercice de la charité chrétienne. Les armées fugitives du persécuteur de l'Eglise, de Napoléon terrassé, se réfugiaient aux portes de Mayence, suivies par un spectre hideux, le typhus. Les maisons, les églises, les cours, les écuries et les greniers regorgeaient de malades et de mourants ; 30,000 hommes à Mayence succombèrent à ce mal destructeur. Témoin de cette grande misère, l'évêque Colmar se mit à la tête du clergé et des citoyens de la ville afin de fournir sa part de soins spirituels et corporels. Les élèves du séminaire, eux aussi, s'intéressèrent au service du bon Samaritain. André Ræss était âgé de 19 ans ; fort, plein de courage et de bonne humeur, il se dépensa généreusement. A cette œuvre de charité il dut une amitié qui, toujours fidèle et intime, l'accompagna sur le chemin de la vie. Ce fut, en effet, sur ce théâtre de la charité, qu'il apprit à mieux connaître Weiss, et qu'ils formèrent cette alliance d'amitié qui pour eux et pour l'Eglise devait être si féconde. On les voyait ensemble porter, suspendue à une traverse, une tonne d'aliments préparés au séminaire pour les pauvres affamés ; ils accompagnaient l'évêque, quand, fidèle pasteur, à l'exemple de Fénelon et de Charles Borromée, il allait dans les greniers et les écuries donner l'absolution et les derniers Sacrements aux mourants. Alors ces deux séminaristes virent l'idéal d'un évêque, idéal que, par une admirable disposition de la Providence, eux-mêmes devaient plus tard réaliser.

Ce n'est qu'en 1814 que les étudiants, dispersés par cette malheureuse guerre, furent de nouveau réunis et les cours du séminaire réouverts. André Rœss reçut les Ordres mineurs et le lendemain le Sous-Diaconat. Il continua ses études en apprenant et en enseignant en même temps. Il donnait des leçons au petit séminaire, il étudiait la théologie et se laissait avec Weiss donner des leçons de langue hébraïque par un maître juif, le docteur Greuznach. Un an plus tard, en 1816, il fut appelé au Diaconat, puis à la Prêtrise. Alors commença sa carrière publique.

Cinquante ans plus tard, en 1866, dans la magnifique cathédrale de Strasbourg, entouré de princes de l'Eglise et de centaines de ses prêtres, il célébra l'anniversaire jubilaire de ce saint jour.

Dès lors, l'abbé Rœss put consacrer toutes ses forces à l'enseignement. Le grand séminaire de Mayence ne comptait en moyenne que 50 élèves, mais le petit séminaire en comptait 500. Avec 50 élèves, le jeune professeur commença son cours d'humanités, et en 1818 il enseigna la rhétorique. Pendant qu'il excitait ses élèves à l'étude, il gagnait lui-même, dans la fréquentation des vieux classiques, cette aisance et cette habileté à parler la langue latine qui, plus tard, firent remarquer ses discours au concile du Vatican. Tandis qu'il était professeur d'éloquence, il s'occupa aussi de faire dans les prédicateurs français et autres des recherches, qu'il devait bientôt utiliser pour ses travaux littéraires.

En 1819, pour la première fois, il fit paraître une traduction de l'ouvrage français *l'Ecolier vertueux*, de l'abbé Carron. Ayant avant tout pour but le développement intellectuel de ses élèves, ses premiers ouvrages étaient destinés plus particulièrement aux séminaristes et au clergé, mais ensuite il s'adressa au public et acquit pour son *Catholique* la première place parmi les écrits religieux de son temps.

II. — ÉCRIVAIN

Dans son discours au jubilé de Libermann, âgé de 82 ans, l'abbé Weiss dépeignit en ces termes l'époque où l'abbé Ræss débuta comme écrivain : « C'était un temps où tout, sous le rapport religieux, gisait à terre. » En Allemagne le *joséphisme* avait paralysé le clergé, le souffle du soi-disant siècle de progrès avait emporté l'esprit catholique, et la sécularisation avait renversé en même temps que le vieil échafaudage religieux de l'électorat, les abbayes et les couvents. L'ancienne construction couvrait la terre de ses débris. Des princes catholiques et protestants, grandis à l'ombre des ailes napoléoniennes, enrichis des biens ecclésiastiques, fouillaient dans ces ruines pour sauver à leur profit quelques précieux restes oubliés, et, pour prouver qu'ils avaient le droit de posséder ces biens, ils usurpaient aussi les pouvoirs ecclésiastiques. Non-seulement l'Eglise fut spoliée, mais elle devait aussi être réduite au silence. Ce que Napoléon le Grand ne craignit pas de faire, les petits dieux du ciel politique le firent à leur tour, et en cela, du reste, ils se conformaient à la mode suivie alors, qui ressortait de la situation.

Autrefois, quand l'évêque ou l'Eglise d'un pays se trouvaient dans la misère, il en appelait à la protection de Rome. Mais dans les duchés rhénans, la Curie romaine était, depuis une centaine d'années, le spectre effrayant que l'on craignait le plus. Contre les prétendues usurpations de la Curie, les princes électeurs s'appuyaient sur leurs armées, sur les autres princes et malheureusement sur cette opinion publique qu'avait faite le parti hypocrite des loges maçonniques, de l'illuminisme et du progrès. Maintenant que la puissance temporelle des évêques était perdue et que leurs protecteurs étaient devenus ce qu'ils voulaient et devaient être, des oppresseurs et des spoliateurs ; maintenant, eux ne devaient paraître qu'en suppliants aux pieds du prince des apôtres ! Mais Pie VII avait été dépouillé, et, même quand son intervention était réclamée, avec sa voix cassée par l'âge et à travers le bruit de la guerre, il ne pouvait pas arriver à se faire entendre des princes. Le catholicisme était littéralement anéanti, et par-dessus tout, l'esprit religieux et le courage chrétien. Des Ordres monastiques pour le clergé et le peuple, ce sel indispensable d'une vie vraiment pieuse, manquaient à l'Eglise. Des vues étroites et la sagesse maçonnique avaient pénétré dans le clergé. On sait que Wessenberg, vicaire général de Constance, appartenait à la loge, et on peut facilement deviner quelles étaient les idées du primat-évêque de Mayence, de Dalberg, quand on se rappelle qu'il envoya précisément ce Wessenberg comme son homme de confiance à l'assemblée de Constance.

En Mgr Colmar et en Libermann brillèrent de nouveau l'esprit catholique et la fermeté chrétienne. C'étaient cette foi antique et cette vieille pratique religieuse telles que le peuple les avait reçues de temps meilleurs et qu'en partie il avait encore conservées. Les abbés Ræss et Weiss devaient être les propagateurs enthousiastes et les ardents défenseurs de cet esprit, et tel fut le but qu'ils se proposèrent d'atteindre par leurs productions littéraires. Année par année, nous indiquerons leurs travaux : ce catalogue malgré son aridité, prouvera avec quelle activité et quel courage ces nouveaux ouvriers travaillèrent dans la vigne du Seigneur.

En 1819, parut : la traduction annotée d'un excellent ouvrage de l'abbé Carron : *les Ecoliers vertueux*, 2 vol.; *Le Confesseur de la foi*, de Carron, 4 vol.; — 1821, *Essai d'un catéchisme complet*, de Grillet, 4 vol.; *Mémoires sur la mort du duc de Berry*; *Sur les missions de la Louisiane*; — 1822, *Sur l'impression des mauvais livres*; — *Sur l'éducation chrétienne*; — 1823, *Les fêtes du Seigneur*, 2 vol.; — 1823-1826, *la Vie des saints* de Buttler, 24 vol.; *Ce que l'histoire en dit*; *Supplément au fêtes de la Réforme*; — 1824, *Essai d'un Catéchisme complet*, 2e édition; — 1827, *Recueil de quelques écrits du dr Martin Luther*; *L'ancienne doctrine sur l'Eucharistie*; — 1828, *Système de Leibnitz en théologie, avec traduction allemande*; — 1829, *Faits remarquables de l'histoire ecclésiastique de France au* XVIIe *siècle*, 2 vol.; — 1829-1833, *Bibliothèque de l'éloquence catholique*, 12 vol.; — 1830-1839, *Sermons de Boulogne*, 4 vol.; 1831-36, *Recueil des sermons de Moser*; — 1834-1836, *Nouvelle bibliothèque de l'éloquence catholique*, 6 vol.; — 1836-1838, *Sermons du P. de la Roche*; — 1837, *Plan de sermons*; — 1836-1838, *la Primauté du Pape*, par Rothensée, 4 vol.; — 1839, *Instruction pastorale sur les mariages mixtes*.

Quand on songe qu'outre ce grand nombre d'ouvrages publiés par les soins des deux professeurs Ræss et Weiss, ils avaient encore 40 à 50 élèves à instruire; que plus tard, en 1825, au départ de Libermann pour Strasbourg, l'abbé Ræss fut nommé supérieur du séminaire et qu'il se chargea d'enseigner le dogme, on reste stupéfait de ce courage inébranlable et de cette inspiration féconde auxquels est due cette longue suite de travaux pour la cause de Dieu.

C'est à cette époque que l'abbé Ræss fit encore paraître une *Justification des écrits du sieur de Haller à sa famille* et *Motifs de conversion de quelques protestants*. Ces écrits méritent attention, parce qu'ils amenèrent l'auteur sur ce vaste champ d'études qu'il devait travailler plus tard avec un amour tout particulier et une étonnante application. Nommé à l'Evêché de Strasbourg, il lui devint impossible d'écrire, car d'autres occupations absorbèrent toute son activité ; mais pendant vingt ans, il rassembla de volumineuses notes et les biographies de tous les protestants qui, depuis la Réforme jusqu'au xixe siècle, sont rentré dans le sein de l'Eglise catholique. Au milieu de ses travaux épiscopaux s'accumulant sans cesse, souvent pendant ses tournées de confirmation, et en dernier lieu sous le canon qui bombardait Strasbourg, tandis que les grenades tombaient sur son palais, il écrivit son ouvrage *les Convertis*, cette œuvre qui est à la fois un recueil d'immenses recherches et un monument de science profonde.

En reconnaissance de cette activité si féconde, la Faculté théologique de Wurtzbourg avait honoré les abbés Ræss et Weiss, dès 1822, du titre de docteur. En Allemagne, l'association Ræss et Weiss était l'équivalent d'esprit ecclésiastique, ce qui procurait généralement à leurs œuvres une grande vogue. Et ces travaux pour la cause de Dieu, auxquels ils prenaient part tous deux, resserraient de jour en jour plus intimement les liens de l'amitié et de la mutuelle estime qu'ils se portaient et que parfois ils savaient se témoigner de la façon la plus délicate. Un jour que l'abbé Ræss conversait avec un Allemand, l'entretien fut subitement interrompu par cette question que lui adressa son interlocuteur dès qu'il en eut été reconnu : « Vous êtes donc Ræss et Weiss ? Pardon, Monsieur, repartit l'abbé Ræss, non pas Ræss et Weiss, mais seulement la plus faible moitié des deux. »

A travers tous leurs écrits le but se dessinait nettement : l'Eglise à défendre, la science et l'esprit religieux à élever dans le clergé et le peuple. Ils sentirent bientôt la nécessité de ne pas agir par pièces et par morceaux, mais d'une façon continue, et même par la création d'une famille périodique. Ce fut en 1821 que l'abbé Ræss fonda *le Catholique*. De ce jour ils possédaient tous deux une arme brillante, aiguisée et tranchante, avec laquelle ils purent tous les mois entrer en lice.

Un jour, l'abbé Ræss vint chez Libermann, son supérieur, et lui fit part de son projet : « Nous voulons fonder une revue pour la défense de l'Eglise. — Une revue? reprit le supérieur

étonné. Deux choses nécessaires vous manqueront pour cela, les collaborateurs et les abonnés. » Mais ce que cet homme prudent, éprouvé, tenait pour chose impossible, le jeune champion l'entreprit avec le courage audacieux propre à la jeunesse. Il eut la hardiesse d'essayer, et l'essai réussit. Sans plus longtemps prendre conseil et sans peser la chose davantage, il écrivit le prospectus du *Catholique*. — « Pour instruire les
» catholiques sur leurs droits et leurs devoirs, pour les mettre
» en garde du rationalisme dominateur, des complots de l'en-
» nemi, des empiétements sacriléges des Etats sur les droits
» de la conscience chrétienne et des peuples catholiques. »
Sa devise fut cette belle parole de Pacien : Christianus mihi nomen, *Catholicus* cognomen, « Chrétien est mon nom, *Catholique* mon surnom. »

Ce fut à l'insu de son ami Weiss, qui se joignit aussi volontiers dans cette circonstance que dans les autres à son entreprenant ami, que l'abbé Ræss écrivit ce prospectus, formulant un souhait qui tout entier sortait de son cœur si chrétien :
» Nous nous estimerons heureux si Jésus-Christ bénit les
» fatigues que nous nous imposons avec bonne intention, afin
» que la voix de cette présente feuille instruise les égarés, affer-
» misse les chancelants et montre aux ignorants le chemin
» de la foi. » Depuis des années, il y avait peu d'écrivains qui osassent se montrer résolus à défendre énergiquement l'Eglise et ses droits; et maintenant il était dit que *le Catholique* songeait à agir tout autrement. Comme un noble chevalier, à la visière relevée, tenant en main sa bannière hardiment déployée sur laquelle brillait le nom de *Catholique*, il descendit dans l'arène : « Loin de nous toute malicieuse querelle,
» toute funeste rancune aussi bien que toute contestation et
» tout enseignement exagéré; mais aussi loin de nous *cette*
» *complaisance craintive* et cet *hommage servile* à l'esprit du
» temps aux dépens de la foi. »

C'était là le ton ferme et droit, la disposition courageuse qui, depuis longtemps, manquaient et qui rencontrèrent une sympathie générale. La voix de Cassandre de Libermann avait heureusement prophétisé faux, ce fut en grand nombre que s'annoncèrent les collaborateurs et les abonnés, et le second numéro dut être édité une deuxième fois.

Peu auparavant, avaient été fondées les *Feuilles trimestrielles de Tubingue*, mais elles se mouvaient dans les hauteurs de la spéculation et dans les profondeurs de la science. *Le Catholique*, au contraire, avait de la chair et des os, de la force et de la vie et parfois aussi un surplus d'humeur piquante qu'y ajoutait toujours l'abbé Ræss. Se plaçant au milieu du courant de la vie religieuse pour clarifier ses eaux et diriger ses ondes, il avait soin de frapper à propos de la lance acérée de saint Georges tout dragon ou salamandre apparaissant à la surface.

« A l'heure où indolemment rêvaient les dormeurs, éveillé et
» vigilant sur le haut d'un donjon, tu réparais courageusement
» plus d'un échec pendant que d'autres, trop présomptueux,
» abandonnaient le champ de bataille. »

C'est ainsi que, plus tard, le poétique auteur des *Chants de la cathédrale de Spire* célébra l'entrée du fondateur du *Catholique*.

Le Catholique était un coup de pierre dans un étang de crapauds. Tous les pionniers de la civilisation avec leurs séquelles de confessions et de couleurs différentes, s'emportèrent et jetèrent feu et flamme sur ces hommes présomptueux, obscurantistes, serviteurs de la Curie romaine, etc. *Le Catholique* laissa passer tout cela au-dessus de lui avec la plus grande indifférence. Mais les amateurs du progrès avaient un aide, les gouvernements, et l'exécuteur sur le terrain de la presse, le censeur. D'une manière chevaleresque, ils se hâtèrent donc d'appeler le secours du censeur. Celui du royaume hessois était un protestant très-défavorablement disposé, nommé Hesse. Placé comme fonctionnaire d'Etat et érigé en juge des écrits catholiques, il sentait la nécessité, une irrésistible nécessité de s'en prendre au *Catholique*.

C'eût été bien volontiers que Hesse aurait fait des coupures dans le texte, et cependant il le pouvait faire bien rarement, tant la rédaction était prudente et savait se tirer d'affaire à travers les questions les plus brûlantes. (Il était réservé au nouvel empire d'apprendre que la censure peut aussi saisir les intentions et les pensées.) Hesse ne savait pas cela, il se voyait obligé de lire une quantité d'articles qui ne lui préparaient que du dépit et auxquels il devait encore apposer l'*Imprimatur*. Comme une foule de correspondances et de mémoires furent adressés à la Revue, l'abbé Ræss avait à remettre un si volumineux paquet au pauvre censeur, que celui-ci finit par perdre toute envie de les parcourir. C'est pourquoi l'*Imprimatur* fut apposé sur des mémoires qui, d'après le langage des *Reptiles* d'aujourd'hui, étaient dangereux pour l'Etat.

L'une des grandes fautes des princes de ce temps fut la spoliation des biens monastiques. L'honorable et sainte propriété des moines paisibles fut enlevée et volée, comme s'il était permis de faire en grand ce qui en petit conduirait les auteurs au gibet et à la roue. Les exécuteurs de ces spoliations, suivant l'exemple des grands seigneurs qui les commandaient, prirent pour eux-mêmes ce qu'ils purent faire disparaître, d'après cette règle des chasseurs du désert : « Quand le lion chasse, les chacals attrapent aussi leur part. » Une grande partie de ces biens de couvents resta donc accrochée aux mains de ceux qui avaient auparavant calculé avec ces seigneurs quels grands profits rapporteraient à l'Etat ces biens de *mainmorte*. — « Certes les mains de ces voleurs n'étaient pas des *mains mortes*. »

L'abbé de Saint-Pierre, près Fribourg, avait publié dans *le Catholique* une série de mémoires qui était passée inaperçue sous les yeux peu vigilants du censeur et qui apportait de nombreux documents sur l'impudente dilapidation des biens d'abbayes dans la Forêt-Noire. Ces vérités évidentes blessèrent les yeux de certaines puissances badoises. Aussitôt le gouvernement badois fit des démarches près du gouvernement hessois pour qu'il prit des mesures contre l'organe trop libre de Mayence. L'abbé Ræss fut interrogé sur l'origine de ces articles. Il déclara en prendre la responsabilité sur lui et s'engagea à en prouver la véracité devant la justice par des documents authentiques. La conduite énergique des rédacteurs inspira du respect à ces messieurs, qui jugèrent superflu d'apporter des preuves au sujet des infidélités commises dans le pays badois ; mais ils ne permirent point que l'abbé Rœss signât dorénavant *le Catholique* et que, l'année écoulée, il s'imprimât plus longtemps à Mayence. *Le Catholique* avait bien parlé et bien agi, mais l'Etat omnipotent préféra le silence à la vérité et à la justice.

Ainsi fut détruit *le Catholique*. La presse civilisatrice se réjouit de cette victoire qui la débarrassait de ce lutteur adroit. Elle se réjouissait trop tôt. L'intrépide Rœss, sans se décourager, se pourvut d'un autre éditeur, et découvrit un certain Schmehler, à Wiesbaden, qui imprima la feuille sous la sauvegarde d'une association d'imprimerie suisse. Le prêtre Scheiblein de Schmerlenbach, courageux et original combattant, du reste bien vu du roi Louis, qui, pour ses préférés, choisissait les originaux, signa comme rédacteur.

Pendant un an, la publication se fit tranquillement ; mais alors s'éleva un nouvel orage. *Le Catholique* publia un article de Braunsberg sur les empiétements que le droit civil bavarois avait commis contre les droits de l'Eglise. Cet article eut les mêmes résultats que celui où il avait été question du duché de Bade : *le Catholique* fut prohibé sur le territoire allemand.

A la même époque parut le *Livre rouge* sous le titre : « Documents pour servir à l'histoire de l'Eglise au xixe siècle. » Ce livre fit une profonde sensation ; car, par une longue suite de faits, il prouvait les préjudices dont les catholiques avaient à souffrir en Prusse. La police prussienne, se jetant avec zèle sur les auteurs supposés de ce livre, porta sur sa liste une cinquantaine de noms, mais sans pouvoir découvrir le coupable. La police, qui peut tout, aurait dû cependant reconnaître un enchaînement d'idées entre ces révélations et celles du *Catholique* blessant ainsi la Bavière, la Hesse et la Prusse.

La feuille allemande se vit donc forcée en 1835 de se réfugier sur le territoire français, à Strasbourg, afin de continuer de là l'œuvre de ses révélations. Alors vivait à Strasbourg un noble fugitif poursuivi par la police allemande. Goërres, la cinquième puissance contre la domination de Napoléon en Allemagne, s'était vu forcé, lui aussi, de s'enfuir de Francfort. Il se mit sous la protection du droit commun des gens, et la France fut assez généreuse pour respecter le droit d'hospitalité, même envers ce mordant antagoniste. Débarrassé des espions de la police allemande, il vivait tranquillement dans une riante et solitaire maison de la rue Sainte-Elisabeth, et s'initiait aux profondeurs de mysticisme chrétien dans *Emmanuel Schwedenborg* et *Henri Suzo*. En cet amateur enthousiaste de la liberté du peuple et du Saint-Empire romain, il s'était produit une transformation. Il avait reconnu que l'Eglise était l'âme de cet Empire et la seule protectrice de cette liberté ; que, d'un autre côté, les princes de son temps n'avaient pas la volonté sérieuse et sincère d'accorder au peuple ce qu'ils avaient promis avant la guerre entreprise en faveur de cette liberté. Il avait traduit ces pensées dans son langage énergique, et pour cela, il avait dû s'enfuir.

Ainsi se trouvaient en même temps à Strasbourg ce que les *reptiles* de nos jours, enthousiasmés de leur sagacité, surnommeraient *l'Internationale rouge* et *l'Internationale noire*, la victime de la chasse faite aux démagogues et le martyr de l'ultramontanisme. Combien peu les gens sont ingénieux dans leurs prétendues découvertes ! Clément Auguste, comme Jésus-Christ, le fondateur de l'Eglise, ne fut-il pas autrefois accusé de rapports avec les socialistes..... Rien n'est nouveau sous le soleil ni dans les bureaux de la police.

L'abbé Ræss, encouragé par un catholique influent, Diez de Coblentz, pria l'exilé d'aider par sa collaboration à la prospérité du *Catholique* expulsé. Goërres le fit volontiers et publia dans cette feuille une série de mémoires. Libermann, vicaire général depuis 1825, signait comme rédacteur. Cependant la situation financière du *Catholique* n'était pas des meilleures, parce que les frais de dépenses devinrent beaucoup plus considérables, et que la propagation des cabinets de lecture diminuait le nombre des abonnés. En 1827, il put passer à Spire à la suite d'une originale fantaisie du roi Louis : un jour, en effet, il fit la remarque que, depuis assez longtemps déjà, les publications théologiques seules étaient soumises à la censure de la presse, tandis que les journaux politiques circulaient librement, et il crut qu'il fallait une fois intervertir l'ordre et laisser la liberté à la théologie. Cela eut lieu, et *le Catholique* exilé eut ainsi de nouveau la perspective de pouvoir vivre en Allemagne. Il alla donc à Spire, dans le Palatinat, quitta la direction de l'abbé Weiss pour celle de Dieringer, de Weinhart et plus tard, sous une forme nouvelle, de Sausen, puis enfin, en 1844, *le Catholique* d'autrefois reparut à Mayence, publié par deux savants, qui avaient reçu l'esprit de Libermann dans toute sa plénitude, Moufang et Heinrich.

Pendant de longues années sortirent de la plume de l'abbé Ræss les *Curiosa*, grains de sel ajoutés à la science ecclésiastique pour augmenter l'appétit des lecteurs. Il y a des adversaires de l'Eglise qui sont à la fois effrontés et ignorants, orgueilleux et présomptueux, et que l'on ne peut combattre sérieusement. Les châtier était la tâche du docteur Ræss. A son esprit naturel se mêlaient une raillerie si piquante, une verve si enjouée pour les harceler, qu'il sut faire retirer ces impudents écrivassiers d'un milieu étranger pour eux et les obliger à se montrer dorénavant plus circonspects.

C'est précisément à l'heure présente qu'il est opportun de rappeler l'histoire du *Catholique*, car de nouveau la presse religieuse est engagée dans un chemin de souffrance. Si elle jette un coup d'œil sur ce devancier, des exemples encourageants et dignes d'être imités s'offriront à ses regards. Longtemps *le Catholique* resta le premier et le plus énergique représentant de l'enseignement purement catholique. Ce qu'on traite aujourd'hui en Allemagne d'ultramontanisme, de jésuitisme, la direction droite et franchement catholique, telle qu'elle est tracée par l'Eglise quant au dogme, à la morale et à la conduite politique, cette direction germait et croissait dans *le Catholique*; et de nos jours, l'édifice a été couronné par la proclamation de l'*Infaillibilité*. Cet attachement fidèle au Pape qui se montre d'une manière si étonnante à notre époque orageuse, est le fruit du *Catholique* arrivé à sa maturité. Si, dans le gigantesque combat que la méchanceté et la haine livrent à l'Allemagne catholique, elle donne l'exemple d'une foi aussi intrépide que généreuse, c'est avant tout à la force qui vient d'en haut qu'elle en est redevable; il reste toutefois au *Catholique* la gloire d'avoir agi le premier sous le souffle de cet esprit surnaturel qui, depuis, se répandant de plus en plus, remplit aujourd'hui le monde.

L'Etat omnipotent le pressentait, de là les vexations qu'il préparait à cette feuille. Les résultats que, des deux côtés, ont produit cinquante années de développement, ne sont-ils pas prodigieux! D'une part, l'État érigé en omnipotence païenne, de l'autre l'infaillibilité du Pape; ici la haine contre tout ce qui est catholique, et là un enthousiasme à toute épreuve pour Dieu et la sainte Eglise.

Au milieu de ses travaux et de ses luttes, la famille Schlosser offrit à l'abbé Ræss, pendant les vacances d'automne, un asile agréable, où, chaque année, il trouvait à la fois le repos et des jouissances intellectuelles. De Mayence, il la visita d'abord à Francfort et sut gagner par son caractère affable et la verve toujours pétillante de son esprit, la place d'un véritable ami du foyer. Plus tard le conseiller Schlosser alla s'établir à Neuenbourg, vieille abbaye manifiquement située près d'Heidelberg. Aussi distingué littérateur que catholique fervent, le conseiller Schlosser et son épouse, Sophie Dufay, la gracieuse maîtresse de maison, établirent bientôt autour d'eux un courant magnétique par lequel petit à petit toutes les célébrités catholiques se sentirent attirées. Non-seulement les savants catholiques s'y trouvèrent réunis, mais on y vit aussi le fils de Gœthe, les professeurs de Bonn, de Munich et d'Heidelberg. Alors, à l'Université d'Heidelberg, ne s'était point encore formée cette tourbe d'ennemis implacables de l'Eglise qui, depuis ce temps, en ont fait la Mecque sainte du libéralisme ardent à persécuter, et l'ont transformée en une forge où se sont préparées des chaines invisibles mais réelles pour l'Allemagne catholique

Pendant trente ans, chaque automne ramena à Neuenbourg les invités de toutes les parties de l'Allemagne. A côté des abbés Ræss et Weiss, qui étaient les hôtes habituels, on y vit accourir de Bonn, les savants Walter, Klee, Windischmann, et de Munich, Möhler, Goërres, Reithmayer, Reisach d'abord abbé et plus tard archevêque de Munich, Geissel, Lenning, Mittermeyer, Clément Brentano. Tous ceux qui, en Allemagne, comme poëtes ou comme littérateurs, travaillaient dans le domaine intellectuel à l'édification du royaume de Dieu, s'y rencontrèrent et ranimèrent leurs forces dans ces relations suivies et dans cet échange continuel de leurs pensées, de leurs espérances et de leurs craintes. C'est là que furent prises tant de résolutions généreuses, c'est là que furent redressées certaines vues moins justes; tous en sortirent fortifiés dans leur courage et ennoblis dans leurs idées. Souvent le nombre des invités s'éleva jusqu'à quinze.

Ceux même qui, n'appartenant pas à l'Eglise, se laissèrent attirer par le charme de cette société pleine d'esprit, gagnèrent dans sa fréquentation des vues plus droites, une estime plus grande des catholiques et du catholicisme. Le spectre de l'ultramontanisme s'évanouissait devant leurs yeux, quand ils se trouvaient dans le cercle aimable de ces hommes à la fois si distingués, si bienveillants et si enjoués. Entre tous, surtout fut remarqué Clément Brentano, avec son esprit aussi remuant que spirituel et son caractère aussi capricieux qu'original. Souvent il s'essayait à taquiner par ses agaceries le lion de Munich, le vieux Goërres. Celui-ci généralement ne sortait point de son royal repos et le laissait faire; mais quand Clément Brentano devenait trop mordant, les invités pouvaient alors jouir de la scène que décrit Schiller dans son *Handschuh*.

— « Devant son jardin aux lions était assis le roi François,
» et, autour de lui, les grands de la couronne; au balcon, les
» dames formaient un joli cercle et rehaussaient par leur pré-
» sence la beauté de cette réunion.............. Quand le
» lion rugissant se dressa, aussitôt le silence se fit. »

Alors la patte du lion tomba sur l'assaillant importun et, sans le déchirer jusqu'au sang, le fit rentrer dans les limites convenables.................. qu'il ne tardait pas à dépasser de nouveau.

Ce fut à cette époque que se formèrent aussi les relations entre l'abbé Ræss et la princesse Stéphanie, relations qui, plus tard, quand il devint Evêque de Strasbourg, se resserrèrent davantage et lui valurent, aussi longtemps que régna le grand-duc Léopold, d'être appelé comme conseiller à Carlsruhe dans toutes les circonstances difficiles. — (En ce temps-là, à Carlsruhe, on voulait encore de temps à autre être juste envers les catholiques; aujourd'hui les choses sont bien changées!)

III. — SUPÉRIEUR DU SÉMINAIRE

L'année 1830, avec sa révolution de Juillet, avait été une année néfaste pour l'Alsace, la France et l'Eglise. La révolution et la franc-maçonnerie se réjouirent d'un triomphe, et l'Eglise subit une défaite. Louis-Philippe, le bourgeois et franc-maçon couronné, arracha de son blason les Lis de saint Louis, abolit le catholicisme comme religion d'Etat et, dans sa ruineuse sagesse, érigea en principe ce blasphème incompréhensible : *La loi est athée*. En Alsace, tous les chefs de la franc-maçonnerie étaient protestants; ils employèrent tous leurs efforts pour évincer les catholiques de toutes les charges publiques et cela, naturellement, afin de prendre leurs places. Heureusement, sous la Restauration, une grande activité avait commencé à régner parmi les catholiques, et Goërres et Moëhler n'avaient pas encore élevé la voix en Allemagne, que déjà de Bonald, de Maistre et Chateaubriand avaient déployé la bannière de la science catholique et remporté de brillants succès. Des deux côtés du Rhin soufflaient des zéphyrs qui, semblables à ceux du printemps, annonçaient une résurrection. Privés de toute faveur de la part des gouvernements, les catholiques cherchaient à se fortifier à l'intérieur. Lamennais s'unit à Gerbet,

Lacordaire et Montalembert, afin d'obtenir pour le catholicisme une situation tout à fait indépendante de l'Etat ; mais ils dépassèrent les limites d'une sage modération en voulant ériger en principe absolu ce qui ne pouvait être qu'un expédient dans des temps mauvais.

Plus prudents, les princes de l'Eglise pensaient qu'on atteindrait plus sûrement le même but par le moyen d'un clergé solidement formé et d'un peuple bien instruit. C'était en particulier l'avis de Mgr Lepappe de Trevern, alors évêque de Strasbourg et auteur de la *Discussion amicale*, qui, aujourd'hui encore, est le meilleur livre pour l'instruction des protestants désireux de connaître la vraie religion. Pour remplacer l'éminent professeur de dogme Lienhart, il appela l'abbé Ræss à la direction du grand séminaire. Auparavant la princesse Stéphanie et plusieurs membres de la noblesse badoise avaient proposé à l'abbé Ræss la cure de Mannheim, et Rome, en 1828, l'avait présenté comme successeur de l'évêque de Mayence. Mais la première de ces propositions échoua devant la répugnance du Directeur de séminaire, et la seconde devant les dispositions défavorables du gouvernement hessois. L'abbé Ræss reçut d'autant plus volontiers sa nomination au séminaire de Strasbourg que l'évêque Burg de Mayence avait l'intention de dissoudre son petit séminaire et de transférer la faculté de théologie dans la ville protestante de Giessen.

L'abbé Ræss se rendit d'abord à Molsheim, où, pendant quelque temps, il dirigea la petite Sorbonne que l'évêque y avait fondée pour relever le niveau des études théologiques. De là il fut appelé aux importantes fonctions de Supérieur de séminaire et de Chanoine titulaire. Agé seulement de trente-cinq ans, il avait déjà acquis une grande expérience, il était plein de vigueur et pouvait montrer dans sa vie un grand nombre d'œuvres accomplies. Son action se fit bientôt sentir d'une façon aussi énergique que fructueuse. A sa charge de Supérieur d'un établissement qui comptait 160 élèves, il ajouta celle de Professeur de théologie dogmatique et d'éloquence chrétienne, et, comme cela ne suffisait pas encore à son ardeur au travail, il continua à livrer des articles au journal *le Catholique*, il travailla à l'achèvement de certains écrits commencés, prépara une édition des prédicateurs si connus à Strasbourg, Jeanjean et Moser, et présida à la traduction des *Annales de la Propagation de la foi*. Certes, il y avait là un vaste champ ouvert à son zèle d'opérer le bien.

La traduction et la diffusion des Annales de la Propagation de la foi en dehors du séminaire permirent à l'abbé Ræss de faire connaître l'œuvre dans l'Alsace entière, jusque dans les moindres hameaux, et d'y faire participer tout le peuple. Par ses paroles et par son exemple, il enflamma l'ardeur de ses élèves pour les études sérieuses, tout en les maintenant dans la voie de l'orthodoxie, de ce pur enseignement catholique qui aurait pu facilement devenir l'objet de leurs attaques, après les mauvais exemples donnés par Lamennais et les graves erreurs répandues par Bautain.

La lutte de Bautain contre l'évêque de Strasbourg captiva assez longtemps l'attention de l'Allemagne, d'autant plus que certains théologiens allemands étaient inclinés à adopter les idées du philosophe strasbourgeois. Bautain et ses fidèles disciples, Carl, de Bonnechose, Gratry, Ratisbonne, etc., etc... étaient des esprits bien doués, ardents, pénétrés de la flamme des néophytes, mais présomptueux et peu mesurés, comme cela arrive souvent à des néophytes. Aussi l'apôtre St Paul recommande-t-il avec raison de ne jamais choisir des néophytes pour leur confier la direction des peuples. Ces hommes connaissaient le monde, leur temps, ses besoins et ses aspirations, mais ils connaissaient moins l'enseignement de l'Eglise et sa discipline, et pas du tout le peuple chrétien. Nouvellement entrés dans le Temple, ils eurent l'arrogance de vouloir en ordonner les arrangements selon leurs idées, dépourvues cependant de maturité.

Bautain s'attaqua aux doctrines fondamentales du dogme, à la scolastique et à l'éducation des séminaires. Sur le terrain de la Théologie, il voulut dénier à la raison le droit d'être le portique de la foi. En fait de méthode, il rejeta avec un mépris retentissant celle de l'antique école ; quant à l'éducation cléricale telle qu'elle était donnée au séminaire de Strasbourg, il la réprouva. Il exprimait ainsi sa doctrine : « C'est par la foi que » la raison arrive à la science... Je n'attends pas d'un incré- » dule que sur ma parole, il croie à la résurrection de Jésus- » Christ..... Les miracles bibliques n'ont de force convaincante » que pour les croyants, et ne sont pas des preuves pour les » déistes ni pour les païens savants... Sans Dieu, nous ne pouvons » connaître Dieu, aussi n'est-il pas possible de tirer de la raison » une preuve de l'existence de Dieu..... » Ces thèses, fausses en partie, ou ayant du moins l'apparence de l'erreur, furent d'abord condamnées par l'évêque de Strasbourg et plus tard par Grégoire XVI.

C'est avec un ton plein de mépris que Bautain parla de la méthode scolastique. Il n'avait eu ni le temps ni l'envie de l'étudier sérieusement ; il écrivait : « Comment peut-on chercher la vraie science dans cette misérable scolastique où manquent et les idées et les principes ? » Plus inexpérimentés encore, les disciples écrivaient des variations sur ce texte et souvent d'une façon plus violente que le maître, et partaient de là pour rompre des lances sur l'éducation des séminaires. Ah oui ! il était sage l'avertissement que donnait autrefois St Paul, lorsque, plein de tristesse, il écrivit : *Non neophytum ne in superbiam elatus.*

Dans le journal *l'Ami de la Religion*, le Supérieur du séminaire s'éleva contre ce procédé et rappela à ces messieurs qu'il n'était pas juste d'attaquer ce que l'on ne comprenait pas ; que n'entendant rien à la scolastique, ne sachant le latin que d'une façon insuffisante, ils n'étaient pas autorisés à jeter au rebut et la scolastique et l'usage du latin dans l'enseignement. Ce fut dans le même sens que se prononça depuis le *Syllabus* (XIII), et les contempteurs de la méthode scolastique se virent remis à leur place. Ce combat monotone et sans attrait dura pourtant quelque temps, à cause de la part que les *savants* y prirent en faveur de Bautain, tandis que le peuple et le clergé se rangèrent du côté de l'évêque : tant il est vrai que les *savants* paraissent condamnés, en toutes les discussions, à se mettre du côté de ceux qui assaillent l'Église. Cependant Bautain et ses disciples étaient animés d'un grand zèle ; leur présomption était blâmable, mais c'étaient des hommes de prière et d'abnégation. Par leur soumission digne de tous éloges, ils édifièrent l'Eglise, et, ayant été dispersés çà et là, ils firent individuellement beaucoup de bien. Gratry seul, pourtant alors le plus accommodant de tous, fit voir plus tard quelque chose de cet esprit si passionné et si opposé à l'Eglise ; ce qui le mit de nouveau en rapport avec l'abbé Ræss, qui, cette fois, était Evêque.

Aimer, agir, et souffrir, a dit Tauler, prédicateur de Strasbourg, au moyen âge, voilà les trois choses qui doivent se partager la vie du chrétien et la remplir. La souffrance gagne en amertume quand elle part d'où l'on attendait la reconnaissance ; mais elle donne lieu à une pratique d'autant plus sérieuse de cette vertu fondamentale du christianisme qu'on appelle l'obéissance.

En 1836, l'abbé Ræss sortit du séminaire, et la seule fonction qui lui restât fut celle de Chanoine du chapitre de Strasbourg. Pendant ce temps de repos, il s'occupa activement de ses travaux littéraires et fonda une école latine pour les jeunes gens dans une abbaye de Bénédictins, au milieu d'un site pittoresque, à Siegolsheim. Cette résidence lui sert maintenant de séjour d'été.

Le 5 août 1840, après l'élévation de Mgr Affre à l'archevêché de Paris, l'abbé Ræss fut nommé, pour le remplacer, comme coadjuteur de l'évêque de Strasbourg, avec future succession. A la considération de ses mérites éminents vint s'en ajouter une autre, et le gouvernement de Louis-Philippe donna son agrément à la nomination de l'abbé Ræss. En effet, on songeait alors, à Paris, aux limites du Rhin, et on se flattait de rencontrer dans les pays rhénans des dispositions favorables aux intentions conçues. Sers, préfet de Strasbourg, demanda à ce sujet un rapport écrit au Chanoine Ræss, que l'on savait très au courant de ce qui se passait sur le Rhin. Le rapport fut donné ; il se terminait par une conclusion opposée aux convoitises du ministre Thiers ; mais il fit sensation par sa solidité et prouva que la science et le jugement de son auteur le rendaient capable de plus grandes choses.

Enfin, lorsqu'au 14 février 1841, l'abbé Ræss, nommé Evêque *in partibus* de Rhodiopolis, fut solennellement sacré dans l'antique cathédrale de Strasbourg, ce fut une grande joie pour l'Alsace entière. C'était la troisième consécration épiscopale qui avait lieu dans la cathédrale, et cette fois l'Elu était un enfant du pays. L'archevêque Mathieu de Besançon, métropolitain de la province, assisté des évêques de Nancy et de St-Dié, consacra le nouveau Pontife en présence de 400 prêtres du diocèse et d'une foule innombrable. Parmi ceux qui rehaussaient par leur présence l'éclat de cette solennité, se trouva le fidèle ami du temps passé, l'abbé Weiss, alors chanoine du chapitre de Spire, dont, un peu plus tard, Mgr Ræss dut honorer également de son assistance la consécration épiscopale.

C'était avec bonheur que le peuple acclamait l'élévation d'un Alsacien comme Pasteur de tout le diocèse, car pour la première fois, depuis de longues années, l'Alsace avait de nouveau pour Evêque un Alsacien, — « que les fidèles, du moins, pourraient comprendre. » Cette nomination avait cet autre avantage que le clergé et le peuple connaissaient leur Evêque, le clergé parce qu'un nombre considérable de ses membres avait été formé par lui pendant ses années de direction au séminaire. Bientôt après sa consécration, Mgr Ræss parcourut une partie de l'Alsace pour donner le sacrement de confirmation, et alla à travers la Lorraine allemande jusqu'à Metz pour y remplacer l'évêque malade. Comme, à chaque cérémonie et souvent deux fois en un seul jour, on l'entendait prêcher avec force et clarté dans la langue que parlait le peuple, il gagna tous les cœurs. C'était l'accomplissement de cette parole du Bon Pasteur : « Je connais mes brebis, mes brebis me connaissent et elles entendent ma voix. »

Dès l'année suivante, l'évêque François-Marie de Trevern s'endormit dans le Seigneur, laissant à l'Evêque André la lourde charge de la crosse de St Amand. Mgr Ræss est le quatre-vingt-treizième des évêques qui, depuis le IVe siècle, ont occupé le siége de Strasbourg.

IV. — ÉVÊQUE

Plus des deux tiers de l'Alsace-Lorraine appartiennent au diocèse de Strasbourg. La totalité de sa population s'élève à 1 million 500,000 âmes, dont 1 million 223,000 catholiques, 250,000 protestants et 40,000 juifs. Par suite de l'annexion, la population catholique est diminuée de 100,000 âmes. Les fonctionnaires immigrés sont en général protestants ou vivent en mariage mixte. Le diocèse compte 1,247 prêtres séculiers, partagés entre 735 paroisses, 311 vicariats, 42 aumôneries et 54 professorats.

Le diocèse de Strasbourg possède en communautés religieuses d'hommes et de femmes : deux établissements, « vides aujourd'hui, hélas ! » de Jésuites; trois établissements, « vides également, » de Rédemptoristes; un couvent de Trappistes; trois établissements des Frères de Marie, dirigeant un nombre considérable d'excellentes écoles de garçons (1); les Frères de la Doctrine chrétienne de Matzenheim, au nombre de 200; les Missionnaires du Précieux-Sang; deux couvents de la Congrégation de Notre-Dame (Religieuses du bienheureux Pierre

---

(1) Depuis la publication de cette biographie, ces Frères ont dû quitter l'Alsace.

Fourier), ayant chacun un pensionnat de demoiselles et des écoles gratuites, l'un à Strasbourg, l'autre à Molsheim ; la maison mère des Sœurs de la Providence à Ribeauvillé, dont les Sœurs, au nombre de 1,400, dirigent, dans le diocèse, et des écoles primaires et de grands pensionnats pour les jeunes filles ; la maison mère des Sœurs de la Charité, dont les 600 membres desservent 4 grands orphelinats et hôpitaux ; la maison mère des Sœurs de Niederbronn, comptant 800 sœurs (Filles du Très-Saint Sauveur) ; un couvent de Trappistines ; un couvent du Sacré-Cœur ; des Sœurs de Portieux (1), dirigeant un grand nombre d'écoles et un grand pensionnat à Lutterbach ; des Sœurs de Saint-Jean Bassel pour les écoles de campagne ; trois maisons des Sœurs de la Croix ; un couvent des Dames Réparatrices ; trois établissements des Dames du Saint-Sacrement ; deux maisons de petites Sœurs des pauvres ; trois couvents de Tertiaires de Saint-François d'Assise, etc. (2).

Quand on songe que la tempête révolutionnaire avait ruiné de fond en comble toutes les institutions religieuses, peut-on ne pas admirer la fertilité de cette terre chrétienne et le sentiment religieux de ses habitants, qui, en 70 ans, ont produit cette riche moisson ? Lorsqu'en 1841, Mgr Ræss prit possession de son évêché, une partie de ces établissements existaient déjà, d'autres en grand nombre furent fondés sous son administration ; et, grâce à son initiative, tous gagnèrent en extension. Quand une force féconde donne l'impulsion de haut, alors tout croît et prospère, soit que l'évêque intervienne directement ou indirectement, soit qu'il agisse par lui-même ou par des hommes capables et choisis par lui comme dignes de sa confiance.

D'accord avec le gouvernement français qui, en ce point, ne lésinait jamais, l'Evêque put ériger 65 paroisses nouvelles,

---

(1) Les religieuses du Sacré-Cœur et les sœurs de Portieux ont été expulsées de l'Alsace-Lorraine.

(2) A ces communautés religieuses, il faut ajouter : les religieuses du Bon-Pasteur, à la Robertsau ; les religieuses dominicaines, à Saint-Nicolas, près de Rougemont ; une communauté des sœurs de Saint-Marc, près Gueberschwyr.

118 vicariats et 17 aumôneries. Le nombre de ses professeurs ecclésiastiques fut élevé de 29 à 54.

L'éducation des clercs était, comme cela doit être, l'objet de la sollicitude toute particulière et toute personnelle de l'Evêque. On ne songeait point alors à une inspection ou à un contrôle de la part de l'Etat, puisque, de son côté, l'Evêque n'en réclamait point sur les études des élèves en médecine, en droit et des officiers de l'armée.

Le grand séminaire de Strasbourg fut tellement fréquenté que, dans les dernières années, le local ne suffisait plus aux 260 séminaristes qu'il renfermait. Dans la même proportion s'accrut le nombre des élèves des petits séminaires, qui servent d'école préparatoire au grand séminaire. On compta bientôt six cents jeunes gens.

Peut-être que, pour une plus claire intelligence des choses, il sera nécessaire de mieux préciser la situation des séminaires, il en ressortira avec quel empressement et quelle générosité les diocésains concoururent à cette œuvre. Le grand séminaire reçoit de l'Etat un supplément pour quelques bourses et le traitement de deux professeurs; tous les autres frais sont à la charge des étudiants. Les petits séminaires ne reçoivent absolument rien de l'Etat; les bâtiments, la nomination et l'entretien des professeurs sont affaires de l'Evêque, l'entretien des élèves reste à la charge des parents. Pour les étudiants pauvres, il n'y a aucune ressource; c'est pourquoi, au jour du jubilé de Mgr Ræss, comme Prêtre et comme Evêque, le clergé lui offrit en présent un capital qui, sous le titre d'*Œuvre des clercs*, fut réuni aux dons et aux legs annuels destinés à accroître les ressources consacrées à ces jeunes gens.

Bref, il n'existe d'autres ressources que les dons charitables offerts par le clergé et les fidèles. Quant aux magnifiques fondations qu'autrefois l'Eglise de France possédait, elles disparurent, comme tous les biens ecclésiastiques, dans ce gouffre qu'on appelait la Nation. Sans doute, les spoliateurs s'engagèrent à pourvoir aux nécessités de l'Eglise; mais ce fut de la façon la plus déloyale qu'ils tinrent leurs promesses. L'Assemblée législative promit à l'Eglise toute la rente des biens ecclésiastiques; or Pie VII, lors du Concordat passé avec Napoléon, ne put même pas en obtenir la douzième partie pour le clergé. C'était une grande difficulté, mais qui devint une source de bénédictions. Car, avec les besoins, grandit la charité chrétienne, et la suite va démontrer ce dont elle est capable lorsqu'un pasteur zélé l'appelle à son secours.

Mgr Ræss fit construire deux petits séminaires, l'un à Strasbourg, l'autre à Zillisheim (1), deux magnifiques bâtiments, pour l'achèvement desquels on dépensa près de trois millions, produit des souscriptions annuelles du clergé et du peuple. Plus tard fut fondé un autre établissement épiscopal, le Gymnase catholique, dirigé, comme les petits séminaires, par des ecclésiastiques, mais destiné spécialement à préparer les jeunes gens aux carrières laïques. Cette institution prospéra et compta 180 élèves. Ici encore ce fut la tâche de l'Evêque de se procurer l'argent nécessaire pour une si grande entreprise : il le prit sur sa cassette personnelle, ainsi que 200,000 francs et au delà qu'il donna pour ses petits séminaires.

Etonné à la vue de cette générosité des habitants de l'Alsace, un prélat étranger demandait un jour à Mgr Ræss comment il s'y prenait pour enthousiasmer ainsi ses diocésains? Il obtint la réponse que voici : « Si vous voulez compter sur les sacrifices de vos fidèles, agissez comme le pélican avec ses petits : il s'ouvre une veine pour eux. »

C'est, du reste, sur de tels sacrifices que repose la bénédiction de Dieu. Le nombre des clercs s'accrut chaque année et excéda bientôt les besoins du diocèse, qui put alors les reverser dans les communautés religieuses et dans les missions. Le diocèse de Strasbourg fournit à la Compagnie de Jésus plus de prêtres qu'aucun autre diocèse de France. La Congrégation de l'apostolat des nègres, fondée par le pieux converti Libermann, est, pour la moitié, composée d'Alsaciens; d'autres

---

(1) Depuis 1874, ces deux séminaires ont été fermés par le gouvernement prussien, et cela sans raison, puisque c'est sans droit et contre toute justice.

entrèrent au séminaire des Missions étrangères, ou se mirent à la disposition des évêques de l'Amérique du Nord, ou entrèrent dans différents ordres; car vraiment extraordinaire est l'intérêt que, dans ce pays, l'on porte aux missions. Mgr Ræss avait donné une vive impulsion à ce mouvement lorsqu'il était Supérieur du grand séminaire, en présidant à la traduction des *Annales de la Propagation de la foi* imprimées à Lyon, et en travaillant, par l'intermédiaire des séminaristes, à la diffusion de l'œuvre. La lecture des *Annales*, la petite prière à réciter chaque jour, les aumônes, dont le produit pour la Propagation de la foi et la Sainte-Enfance s'est monté l'année dernière (1) à 143,000 francs, exercent une heureuse influence sur l'âme des jeunes gens et éveillent des vocations nombreuses à l'Apostolat évangélique. Ni les séductions mauvaises de la presse officielle, ni l'oppression sous laquelle gémissent les feuilles catholiques, ni l'appauvrissement du pays, ni l'émigration de certains catholiques zélés, ne purent arrêter ce généreux enthousiasme. Mais aujourd'hui, le contrôle de l'Etat!!!...

Ne pourrait-on pas aussi considérer comme une œuvre de mission, les Institutions des Sœurs hospitalières et celle des Sœurs de Niederbronn, qui, toutes deux, fondèrent des établissements en Allemagne, à l'aide de branches transplantées du diocèse de Strasbourg dans notre pays. Le duché de Bade, la Bavière, les pays Rhénans, plus tard aussi le Palatinat et l'Autriche reçurent une large part des bienfaits que la charité généreuse de ces Vierges porte partout avec elles. Quand à ces rameaux qui se sont détachés de la souche (mère), on ne doit pas les louer sans restriction : les Ordres religieux sont essentiellement internationaux; c'est, du reste, ce qui explique cette haine internationale dont les poursuivent les ennemis de Dieu, qui revendiquent pour eux seuls l'avantage d'une propagande universelle et d'une solide organisation.

Hélas! faut-il que maintenant toutes ces Congrégations soient menacées dans leur existence? En faveur de l'éducation

(1) En 1872

de la jeunesse et sur le terrain de la charité chrétienne, elles ont, dans le courant du xix° siècle, fait un bien immense. Elles étaient, elles sont encore le moyen dont se sert la Providence pour ramener les égarés et soulager les malheureux. La plupart des Congrégations ont pris naissance en France, et c'était pour combler le vide effrayant causé par la disparition des grands Ordres religieux. Semblables à une plante délicate mise en terre par la main de Dieu même, elles se plient avec discrétion à toutes les nécessités et prennent part à toutes les douleurs dans l'édifice social, qui est de plus en plus ébranlé. Elles rapprochent ce que rien ne cimente plus, le riche du pauvre, le petit du grand, le faible du puissant, le capitaliste du prolétaire ; avec l'aide d'une sage direction, ce seraient les Congrégations religieuses qui seraient le plus à même de résoudre la question sociale, si on leur donnait les libertés nécessaires pour cela. La question sociale a surgi comme un chevalier bardé de fer le jour où l'Etat eut la témérité scandaleuse d'interdire les vœux de religion et de jeter la déconsidération et le mépris sur les conseils évangéliques ; et ce géant ne pourra être calmé ni dompté que par ces Frères et ces Sœurs qui pratiquent la pauvreté, l'humilité, la charité, la mortification et la prière. Hélas ! quel fanatisme suicide pousse aujourd'hui le monde ! Ce sont précisément ces Sauveurs que l'on persécute et qu'on voudrait anéantir. La ruine est déjà commencée en Alsace, et les suites de ces mesures funestes seront d'autant plus terribles, que l'action exercée jusqu'ici a été salutaire et que les résultats obtenus ont été heureux et considérables (1).

(1) Une revue allemande rend cependant cet hommage tardif aux religieuses de la Prusse.

« On regrette les Sœurs de Charité en Allemagne. Le gouvernement commence à s'apercevoir que l'expulsion des ordres religieux fait plus de tort au pays qu'aux congrégations elles-mêmes, et cela pour deux raisons : la première est que dans les hôpitaux autrefois confiés aux soins des Sœurs de Saint-Vincent de Paul, *la mortalité a sensiblement augmenté depuis leur départ.*

La seconde est que, malgré tous les avantages que le gouvernement

En 1848, Siegwart Muller et le Père Roh, obligés tous deux de fuir devant le radicalisme suisse, trouvèrent en Alsace une hospitalité amicale ; et lorsqu'en 1869, le ministère badois assouvit sa colère gouvernementale sur les pauvres Tertiaires du Lindenberg, celles-ci franchirent le *libre* Rhin allemand et vinrent, dans un petit cloître, à Ottmarsheim, en Alsace, chercher la tranquillité et la paix. Mais maintenant.....! Ils étaient merveilleux les fruits de vie religieuse éclos sous les yeux de l'Evêque de Strasbourg! Aussi l'aspect de la dévastation causée par le vent glacial du Nord, perce comme un glaive meurtrier son cœur paternel, en lui donnant une ressemblance de plus avec Pie IX, qu'il suit de tout près par son âge.

Chose incompréhensible! sous la direction exclusive de l'Evêque, qui, du reste, est seul compétent dans la matière, l'éducation ecclésiastique était florissante et les Ordres religieux faisaient beaucoup de bien ; aujourd'hui l'Etat veut interposer son autorité dans cette direction en la contrôlant et en la gouvernant. Apportera-t-il la vie ou la mort? La vie, la vie chrétienne, catholique, est là abondamment, l'Etat qui ne la possède pas ne peut la communiquer, *nemo dat quod non habet* : ce sera donc la mort!!!...

Un essai malheureux a tout récemment mis en évidence quels troubles amènerait ce contrôle et quels effets nuisibles il produirait. On voulut essayer jusqu'à quel point l'Etat pourrait empiéter sur le droit de l'Eglise, et un conseiller supérieur fut chargé d'inspecter quelques classes des petits séminaires. Cet inspecteur fit preuve de modération : il avait certainement résolu de laisser paraître le moins possible les ongles de fer dont il était armé ; toutefois, il ne put s'empêcher de se prononcer contre la méthode d'enseignement de l'histoire, pour recommander aussitôt, comme seuls raisonnables, les principes et la méthode de Niebuhr : ce qui prouve évidemment

---

offre aux garde-malades séculières, auxquelles il paye le double environ de ce que recevaient les Sœurs, malgré ses fréquents appels aux préfets des provinces, on ne peut trouver un nombre suffisant de femmes disposées à se vouer à cette pénible tâche. »

que les évêques ont bien fait de protester énergiquement contre le droit d'inspection réclamé par l'Etat. Cette manière de voir ne fut point celle du gouvernement français, qui avait pourtant à sa disposition des inspecteurs catholiques ; comment le gouvernement allemand, avec ses fonctionnaires protestants et sceptiques, peut-il vouloir l'imposer ?

Souvent on a fait la remarque que dans les séminaires on ne formait pas de savants. La destination des séminaires est avant tout de former des prêtres d'une instruction solide et d'un grand zèle pour les âmes, des prêtres qui, dans les diverses branches scientifiques, soient à la hauteur de laïques bien élevés ; or ce but est atteint. Former des savants est spécialement le but des universités ; il serait désirable, sans doute, qu'au moins une partie du clergé put en suivre les cours, mais il faudrait pour cela qu'elles fussent catholiques. Alors la science qui y serait acquise ne serait point mélangée de cet esprit d'orgueil et de toutes les erreurs si misérables qui, dans ces temps de *progrès*, surgissent de toutes parts.

Dès que Mgr Ræss eut pris possession de son évêché, il adressa à son clergé une circulaire en langue latine dans laquelle il disait : « Nous sommes les enfants d'une Eglise qui a » fait infiniment pour la science et la foi, et notre devoir est de » continuer à travailler sérieusement à cette œuvre de nos » pères. » Il se hâta d'instituer des conférences ecclésiastiques qui réunirent annuellement, d'abord six fois et maintenant trois fois, tous les prêtres du diocèse. Ces conférences avaient pour objet de traiter oralement et par écrit les questions historiques, théologiques et pastorales posées préalablement par l'Evêque. Il encourageait volontiers ses jeunes prêtres aux travaux littéraires; il parcourait leurs œuvres, y faisait des corrections et donnait des avis paternels.

Afin d'entretenir et de propager parmi son clergé la vie ascétique, deux retraites, prêchées par les Jésuites (1), ont lieu

---

(1) Depuis que les Pères Jésuites sont expulsés des pays d'Empire, ces retraites sont prêchées par des prêtres séculiers.

annuellement dans les deux séminaires, de telle sorte que chaque prêtre, après quatre années révolues, peut y prendre part. Cette création extrêmement importante donne l'ocasion aux religieux de montrer une fois de plus ce qu'ils sont, c'est-à-dire un membre essentiel à l'organisation de l'Eglise.

Pour venir en aide aux ecclésiastiques devenus par l'âge ou par des infirmités incapables de continuer leurs fonctions de pasteurs, Mgr Ræss créa une caisse de secours dans laquelle chaque prêtre verse 1 0/0 de son traitement fixe. Et ici, comme pour l'éducation ecclésiastique, il existe un principe indiscutable, à savoir : L'Eglise s'aide elle-même, et, s'aidant elle-même, elle ne doit de compte à personne de la gestion de ses affaires. L'Etat, qui, avec tant de violence, a usurpé les biens ecclésiastiques, aurait dû, il est vrai, l'assister dans cette circonstance, et même par justice et non par grâce. Il le fit, mais si peu, si peu que le clergé fut contraint de s'aider lui-même au moyen des sacrifices qu'il sut imposer à sa pauvreté.

Telles étaient les relations de l'Evêque avec les prêtres réguliers et séculiers de son diocèse ; il y trouvait un vaste champ d'action, entraînant avec soi des travaux multipliés et de nombreuses préoccupations, et dans lequel il était obligé d'entrer d'autant plus souvent que la nomination et le changement de 1247 prêtres reposait presque entièrement entre ses mains.

Par ce que nous venons de voir, il est clair qu'un évêque exerce une influence continuelle sur le peuple et qu'il entretient des rapports fréquents avec les autorités locales. Cependant ce qui rend encore ces relations plus intimes, ce sont les tournées de confirmation. Ces visites pastorales, l'Evêque les entreprend chaque année et les continue durant plusieurs semaines, de manière que ce diocèse si peuplé et si étendu soit entièrement visité tous les cinq ans. Ces voyages sont de vraies missions apostoliques, laborieuses et fatigantes. Pendant de longues années, Mgr Ræss parlait à toutes les cérémonies de confirmation ; ce qui souvent arrivait deux fois en un jour. Quant à ses récréations, elles se passaient à entendre les curés et les maires, pour recevoir leurs demandes, pour les consoler dans leurs peines, quelquefois aussi pour accommoder certains différends. Il faut encore ajouter à cela, depuis quelques années, la préparation et la correction de son volumineux ouvrage *les Convertis*.

Une institution qui a produit les plus beaux résultats, quant à la piété, c'est la dévotion de l'Adoration perpétuelle, introduite dans le diocèse de Strasbourg en 1856. Elle consiste en un jour de prières solennelles célébrées, tous les deux ans, dans chaque église, et pendant lequel le très-saint Sacrement est exposé à l'Adoration des fidèles. Dans beaucoup de paroisses, les pasteurs y disposent leurs ouailles par un triduum d'exercices préparatoires, présidés généralement par des religieux ; en sorte que, le jour même de la solennité, tous les paroissiens, à peu d'exceptions près, s'approchent de la sainte table. C'est ainsi que, jusqu'à l'annexion et grâce à cette belle dévotion, furent continuées partout les missions populaires, où s'est distingué d'une manière spéciale le regretté frère de Mgr Ræss, le curé de Rosheim.

Comme démonstration extérieure de cette vitalité chrétienne il se déploya un zèle extraordinaire pour la construction d'églises nouvelles et la décoration des anciennes. Pendant son épiscopat, Mgr Ræss a consacré plus de cent nouvelles églises et chapelles ; quelques-unes d'entre elles, telles que les églises de Saint-Amarin, de Breuschthals, de Mulhouse, d'Oberehnheim, de Marienthal, les chapelles de ses séminaires de Strasbourg et de Zillisheim, sont de magnifiques monuments d'architecture gothique et romane ; toutes resteront les témoins de la foi et de la générosité des communes et des particuliers. De grandes sommes furent dépensées pour la décoration et les ornements sacerdotaux de ces sanctuaires. Si l'on n'a pas toujours fait preuve d'un goût parfait, du moins une grande bonne volonté n'y manqua jamais ; et en effet, l'argent arrivait en abondance de la main généreuse des fidèles. Il en était ainsi chaque fois que l'Evêque s'adressait à ses diocésains pour demander leur coopération à une œuvre de piété et de charité : témoin la part si large que le diocèse de Strasbourg prend à l'œuvre du Denier de saint Pierre (plusieurs centaines de mille francs ont été, de cette manière, offertes au Saint-Père) ; témoin encore cet enthousiasme avec lequel près de 500 jeunes gens offrirent le sacrifice de leur vie, en s'enrôlant dans la petite armée pontificale.

Grâce aux efforts persévérants de Mgr Ræss, grâce aussi à la bienveillance du gouvernement français, l'exercice simultané des deux cultes, catholique et protestant, cessa dans 26 églises de campagne et, avec cet usage déplorable, disparut une cause féconde en dissensions et en querelles.

Ce fut en 1866 que le clergé et les fidèles profitèrent d'une occasion solennelle pour donner à leur Évêque des témoignages éclatants de leur vénération et de leur gratitude.

Il y avait 50 ans depuis l'ordination de l'abbé Ræss comme Prêtre et 25 ans depuis sa consécration comme Évêque : c'était donc un double jubilé à célébrer. Le cardinal-archevêque de Besançon, qui avait présidé au sacre du Jubilaire ; le cardinal de Reisach ; Mgr Weiss de Spire, l'ami toujours fidèle ; les évêques de Mayence, de Saint-Dié, de Metz, de Belley, de Genève, de Troyes, de Bâle, de Luxembourg et de Nancy, rehaussèrent par leur présence la grandeur et la magnificence de cette fête si touchante. Le matin, M. le chanoine docteur Moufang, successeur de l'abbé Ræss au séminaire de Mayence, et le soir, Mgr Mermillod, prirent la parole. Tous deux, en éloquents interprètes, exprimèrent, avec autant de vérité que d'enthousiasme, les sentiments des catholiques de Strasbourg et de l'Alsace, ainsi que ceux des amis si nombreux de Mgr Ræss.

Le lendemain, les princes et les autres hauts dignitaires de l'Eglise accompagnèrent à Marienthal le vénérable Héros de la fête, pour assister à la consécration de l'église érigée dans ce lieu de pèlerinage, le plus célèbre de l'Alsace. Le peuple y vint de toute part, et le concours fut immense. Tous, prêtres et fidèles, rendirent au Seigneur, par l'intermédiaire de Marie, de vives actions de grâces pour l'incomparable journée de la veille, et le supplièrent en même temps de conserver, longtemps encore, au milieu d'eux, le pasteur qui, depuis tant d'années, leur avait consacré toutes ses forces et voué une tendresse toute paternelle.

Cette fête a été pour le digne Jubilaire un jour de grande consolation; pour ses diocésains, un jour de joie indicible, et dans les annales de l'Eglise de Strasbourg, elle sera un jour d'impérissables souvenirs.

V. — RELATIONS EXTÉRIEURES

Trois fois pendant l'épiscopat de Mgr Ræss, la France changea de gouvernement, conformément à cet adage qui dit qu'un pays qui est imprégné des soi-disant *immortels principes de 1789,* use un gouvernement tous les dix ans. Aucun d'eux n'était systématiquement hostile à l'Eglise. Louis-Philippe, tout en favorisant ouvertement le protestantisme, laissa les catholiques agir et parler librement. Ce fut sous son règne que les évêques commencèrent cette lutte dans laquelle ils revendiquèrent pour l'Eglise la liberté d'enseigner et pour les Français la liberté de s'instruire ; lutte dont ils ne récoltèrent les premiers fruits que sous la république de 1848. L'Évêque de Strasbourg y donna sa vive coopération ; et, la liberté obtenue, il se hâta de l'utiliser en fondant à Strasbourg le collège latin de Saint-Arbogast et plus tard le gymnase catholique de Colmar. L'Eglise avait en la Reine une avocate qui faisait valoir son influence dans le choix des évêques. Un candidat ne fut jamais présenté par le gouvernement à l'agrément et à la nomination du Pape qu'il n'en eût été jugé digne auparavant par le métropolitain et ses évêques suffragants.

La république de 1848, qui, d'ailleurs, n'était pas si mal disposée, n'eut pas longue vie. Elle tomba au moment même où elle dégénérait, après avoir rendu à l'Eglise plus de services pendant ses quatre années d'existence que Louis-Philippe n'en avait rendus pendant son règne de dix-huit ans. Alors vint le coup d'Etat de Napoléon, qui commença la restauration de l'empire pour une période de 18 années. Un instant on put croire que Napoléon rendrait la paix à la France ; mais l'illusion fut de courte durée, quand on le vit, sous la pression des menaces d'Orsini, s'égarer au sujet de la question italienne, exactement comme, six ans auparavant, le prince Metternich, à Bruxelles, l'avait prédit à L. Veuillot. Les rapports de l'évêque de Strasbourg avec la princesse Stéphanie le mirent en contact avec l'empereur des Français, dont elle était la tante, et lui rendirent sa position favorable dans le principe. C'était le temps où l'on aimait de répéter cette parole de Napoléon : « Que les bons se rassurent, que les méchants tremblent ! » Mais, avec la guerre italienne, on vit le revers de la médaille. Avant de la commencer, le ministre prit à Strasbourg les avis de l'Évêque, du préfet et du général ; tous se prononcèrent énergiquement contre la guerre ; mais les loges maçonniques la voulaient, et elle eut lieu.

Les lettres pastorales que publièrent alors les évêques gagnés par les promesses mensongères des ministres, ne sont point encore oubliées. Seuls, deux évêques, celui de Nîmes et celui de Strasbourg, ne donnèrent pas dans cet enthousiasme général pour la guerre, et ne jetèrent pas ces cris de triomphe dont les échos devaient retentir si douloureusement dans le cœur de l'Eglise. Et tous deux, en cela, montrèrent non-seulement de la perspicacité politique, mais aussi du courage.

Avec les hauts fonctionnaires publics aussi bien qu'avec les présidents des confessions non catholiques, l'Évêque de Strasbourg sut constamment garder des relations de bonne intelligence. Là où les intérêts religieux et politiques, spirituels et temporels, se trouvent mêlés sous tant de rapports différents, surgissent fréquemment des conflits qui peuvent être évités par les procédés conciliants et les concessions équitables des autorités compétentes, et, si l'Évêque, dans des circonstances aussi difficiles qu'ennuyeuses, a su trouver une issue favorable, cela ne pouvait qu'être utile à la marche des affaires.

A la vérité, jamais on n'entendit alors la réponse qu'obtint dernièrement un prêtre qui se plaignait, auprès d'un fonctionnaire du pays d'Empire, de fautes commises et de torts évidents : *C'est notre système*, répondit l'Allemand. Le système de Hégel en lieu et place de la loi de Dieu, *quel progrès et quelle justice !!!*

Quand Napoléon, après s'être couronné des lauriers de Solférino, se jeta dans une voie mauvaise, entraînant après lui l'Eglise, la moralité, l'enseignement et l'honnêteté publique ; quand il eut sacrifié les conférences de Saint-Vincent de Paul à la haine de la franc-maçonnerie, dont il fit le soutien officieux de son trône, alors ses relations avec l'Eglise s'altérèrent. A l'égard de l'enseignement public et du Patrimoine de saint Pierre, il prit une position équivoque et hypocritement haineuse. C'était le devoir des évêques de faire opposition : ils le remplirent avec promptitude et feu, selon les habitudes du caractère français. Ordinairement l'Évêque de Strasbourg marchait en seconde ligne, mais alors sa parole avait d'autant plus de poids et trouvait aussi des appréciateurs mieux disposés. Cela arriva notamment lorsque le gouvernement s'arrogea le droit d'interdire la publication de l'*Encyclique* et du *Syllabus*, comme s'il était permis à une autorité terrestre, quelle qu'elle soit, de s'interposer entre le Pape et le peuple chrétien, afin d'empêcher la voix du Père de famille de parvenir aux oreilles de ses enfants. A cette époque, les représentations de l'Évêque de Strasbourg, aussi modérées dans leur forme qu'énergiques quant à la substance, firent même sensation dans la presse. Le gouvernement accorda ce qu'il ne pouvait empêcher, et l'*Encyclique* et le *Syllabus* pénétrèrent partout avec leur trésor de vérités prophétiques et de remèdes si nécessaires à notre siècle malade. Récemment on attribua à un homme d'État français d'avoir dit que l'on devrait prendre le *Syllabus* comme fondement de la législation. Cet homme voit certainement plus juste que ceux qui usent leurs forces à élever la tour de Babel qu'on appelle l'*Omnipotence* de l'État, et au fronton de laquelle on donnera une place aux législateurs libéraux du jour, avec toute la séquelle des *reptiles* et des fondateurs de sociétés véreuses.

Ce fut sans doute grâce à cette conduite ferme et paisible à la fois, que l'Évêque de Strasbourg vit le gouvernement se montrer généralement condescendant dans les circonstances où il était nécessaire de recourir à sa coopération.

En reconnaissance des services que rendit Mgr Ræss par sa sagesse dans les négociations entre l'Eglise et l'Etat, il reçut de Rome et de différentes puissances les distinctions suivantes : il fut élevé au rang de Prélat assistant au trône pontifical, au titre de Comte romain; la France lui envoya la croix d'officier de la Légion d'honneur; l'Autriche et le duché de Bade, la croix de Commandeur de l'Ordre de Léopold et le lion de Zachringen.

Si l'Évêque de Strasbourg regardait la prudence dans sa conduite comme devant être la règle invariable de ses relations avec l'Etat, sa manière d'agir à l'égard du Saint-Siége était dictée par le plus sincère dévouement. Pendant de longues années, il fut éloigné de Rome sous le rapport de l'espace, mais il en était très-rapproché par les sentiments de son cœur, par les œuvres de son intelligence, par les travaux nombreux de son ministère et enfin par la doctrine de son enseignement. Le séminaire de Mayence jouissait d'une bonne réputation au Vatican, mais jamais il n'avait formé d'élève aussi actif que Mgr Ræss. Aussi, quand, en 1856, accompagné de son ami Mgr Weiss, qui, dans l'intervalle, était monté sur le trône épiscopal de Spire, il fit pour la première fois le voyage de Rome *ad limina apostolorum*, afin d'accomplir le devoir de tout évêque et de rendre compte de la situation de son diocèse, Pie IX lui fit un accueil plein de bienveillance. En 1866, il prit une seconde fois le chemin de Rome, toujours accompagné de Mgr Weiss. Cette fois le voyage avait une signification politique. Le Pape venait d'être dépouillé d'une grande partie de ses Etats; Garibaldi préparait un coup de main; la Sardaigne était occupée à jouir du triomphe qu'elle venait de remporter, en arrachant brutalement quelques provinces au Patrimoine de saint Pierre, et le gouvernement français protégeait de son bouclier, non le Pape, qu'il paraissait couvrir, mais en réalité les ennemis de l'Eglise. Beaucoup d'entre les évêques, qui étaient en relation plus amicale avec le gouvernement, étaient dans l'indécision au sujet du voyage de Rome. Mais lorsque le cortége des évêques bavarois, l'archevêque de Munich en tête, traversa la France par Lyon et Marseille, une puissante et vive impulsion fut donnée au mouvement vers Rome, et l'entraînement s'étendit de plus en plus. Au cortége des évêques bavarois s'étaient joints NN. SS. Ræss et Weiss. Il s'agissait à Rome de proclamer que le pouvoir temporel du Pape est nécessaire à son indépendance. Déjà alors, quoique d'une manière peu sensible, se faisait remarquer chez quelques prélats cette disposition d'esprit qui, plus tard, pendant le Concile du Vatican, sous la direction de Mgr Dupanloup, se changea en une opposition des plus vives. Cependant elle ne prit point consistance, elle disparut même devant l'enthousiasme général des évêques qui, tous sans exception, signèrent le projet d'adresse du cardinal Wisemann, par lequel ils professaient non-seulement la nécessité de la puissance temporelle du Pape, mais aussi son *infaillibilité*. En 1870, Pie IX put et dut le rappeler au souvenir de quelques-uns des plus ardents adversaires de l'infaillibilité.

En 1869, le Concile du Vatican appela Monseigneur de Strasbourg à Rome pour la troisième fois. Hélas! Mgr Weiss, dont les forces, diminuant de plus en plus, trahirent la bonne volonté, ne put quitter le Palatinat. Il manquait aussi une autre voix qui jouissait d'une haute estime parmi le clergé allemand et dont l'absence était d'autant plus pénible que l'heure était grave et décisive : c'était celle du cardinal de Reisach. Ce fut pendant la retraite ecclésiastique que Mgr Ræss fit part à son clergé de son dessein d'aller au concile, et, comme on le priait instamment d'y renoncer en considération de son grand âge, il répondit : « J'irai, dussé-je le payer de ma vie! » A Rome, il fut choisi presque à l'unanimité pour faire partie de la commission des Ordres religieux.

Une admirable disposition de la Providence voulut que la presse, les gouvernements et ceux des évêques qui agissaient sous leurs puissantes influences se prononçassent si vivement contre la définition dogmatique de l'infaillibilité pontificale. Dans la cause même, rien n'expliquait ni ne justifiait cette irritation, si ce n'est cet instinct secret des puissances occultes qui, en s'opposant à l'action directrice du Saint-Esprit, lui préparent les voies. Certains évêques, surtout de ceux qui venaient des pays de religion mixte, craignaient qu'il n'y eût révolte générale de la part du paganisme moderne si, devant ses yeux malades, on élevait le flambeau de l'infaillibilité avec ses lumières divines. Leurs craintes ne furent point vaines et il arriva même des choses pires que celles qu'ils avaient pressenties ; mais précisément ce qui rendait nécessaire la définition du dogme de l'infaillibilité, c'étaient ces attaques des fauteurs de l'opposition. Tout l'enseignement de l'Eglise avait été ébranlé jusque dans ses fondements ; il devait donc être affermi de nouveau, et le monde catholique devait apprendre d'une manière certaine où cet enseignement avait son siége et qui en est, à proprement parler, le dépositaire.

MgrRæss le vit et en fut convaincu. En cela, il prit pour guide cet esprit de foi qu'il avait apporté de la maison paternelle au séminaire de Mayence, et qui s'était encore raffermi par ses luttes dans *le Catholique*. Engagé par quelques évêques à proposer au concile la proclamation dogmatique de l'infaillibilité, il indiqua la voie à suivre et demanda pour cette proposition l'adhésion d'un plus grand nombre d'évêques. Cela fait, on marcha en avant.

Dans l'intervalle, le Père Gratry, ancien élève de l'abbé Bautain et membre de l'Académie française, publia dans les journaux français des lettres extrêmement violentes contre le dogme de l'infaillibilité et l'Eglise romaine. Ceux qui connaissaient cet homme, enthousiaste peut-être, mais calme jusqu'alors, ne purent comprendre comment il lui était possible de se laisser entraîner au point qu'il remuât ciel et terre contre la définition de ce dogme et qu'il osât écrire, entre autres, ces paroles : *A partir du* VIII*ᵉ siècle, la conduite de l'Eglise romaine est une conjuration incessante contre la vérité!!!* Les sympathies du Père Gratry pour les fables qu'avait inventées l'abbé Dœllinger sur le Pape, les relations actives des catholiques libéraux de France avec Munich, firent supposer que, comme pensées et comme texte, ces lettres, démesurément outrées, venaient de là; quoiqu'il en soit, c'était un scandale public, et l'on ne put comprendre comment l'archevêque de Paris, supérieur du Père Gratry, ne censura pas les erreurs du révolté. Le Père Gratry avait des relations avec Strasbourg et son Évêque. C'est dans cette ville qu'il avait été ordonné prêtre, c'est là qu'il avait enseigné, il y comptait des amis et des admirateurs, et quand il eut abandonné la doctrine erronée de l'abbé Bautain, ce fut Mgr Rœss qui le réconcilia avec l'Eglise. Afin de préserver ses diocésains des erreurs et des diffamations contre la papauté dont abondaient les lettres du Père Gratry, l'Évêque de Strasbourg les condamna solennellement dans une circulaire adressée de Rome au clergé et aux fidèles de son diocèse, et cette circulaire fut lue du haut de la chaire dans toutes les églises.

Ce fut comme un éclair au milieu des nuages orageux qu'avaient soulevés les adversaires de l'infaillibilité. A la satisfaction de tous les catholiques sincères, deux cents évêques orientaux et occidentaux ratifièrent le jugement de l'Évêque de Strasbourg.

Dès lors la question de l'infaillibilité fut soumise au jugement des Pères du Concile. Tous ceux qui ne veulent point ne pas voir ni entendre, savent combien les discussions, au sein du Concile, furent libres, publiques, approfondies même jusqu'à la lassitude. Aucune chambre parlementaire n'a examiné une question plus longuement ni plus sérieusement que le Concile ne l'a fait à l'égard de l'infaillibilité de l'enseignement pontifical. Mgr Rœss réfuta deux évêques français qui s'étaient prononcés contre la doctrine romaine. Il établit les preuves de l'infaillibilité du Pape; il démontra l'opportunité et même, vu la situation, la nécessité de sa proclamation solennelle, et il le fit avec tant de profondeur, tant de justesse et dans un langage si classique qu'un grand nombre des Pères du Concile et le souverain Pontife lui-même lui en exprimèrent le témoignage de leur vive satisfaction.

Cent évêques devaient encore parler sur la question de l'Infaillibilité ; mais Mgr Ræss retourna dans son diocèse, qui réclamait vivement sa présence; il voulait aussi, ce qui malheureusement n'eut pas lieu, assister, à Spire, au jubilé de son ami vénéré. Devant le Concile, il avait rendu témoignage de sa foi et de celle de son peuple; regardant donc sa mission comme terminée, il se fit annoncer chez le souverain Pontife pour obtenir son congé. « Très-saint Père, dit-il en terminant, je viens de vous exposer les besoins de mon diocèse et je les soumets à l'*infaillible* appréciation de Votre Sainteté ! — Oh! mon infaillibilité ! répondit Pie IX en riant, mon infaillibilité est encore une question. — Cette question chez moi est depuis longtemps résolue, reprit le vénérable Prélat ; je suis un infaillibiliste de vieille date..... D'ailleurs, ma présence ici devient inutile : j'ai brûlé ma poudre. — Et bien brûlé, » ajouta le Pape aussitôt.

Le retour de Mgr Ræss sur les bords du Rhin fut un vrai triomphe; reçu et salué par les autorités du département, celles de la ville et par un clergé nombreux, il fut solennellement accompagné jusqu'à la cathédrale, où l'attendaient avec impatience 300 prêtres et une foule immense. *Tu es Petrus*, chanta le chœur des élèves du séminaire sous les voûtes sonores de l'antique basilique, quand le vénérable Pèlerin de Rome en franchit le seuil. C'était un moment d'une solennité exceptionnelle : la plus vive émotion régna dans la multitude, les cœurs battirent fort et les yeux se mouillèrent de larmes, quand le Pasteur bien-aimé traversa les rangs serrés de ses enfants agenouillés et heureux de s'incliner de nouveau sous sa main bénissante. Emu lui-même de cette réception enthousiaste, le courageux Prélat oublia pour un moment toutes ses fatigues : il monta en chaire et parla à son peuple de son voyage en commençant par les mots : *Credidi, propter quod locutus sum*, « J'ai cru, c'est pourquoi j'ai parlé. »

C'est ainsi que se termina le troisième voyage de Mgr Ræss à Rome. Il y retourna une quatrième fois en 1872, quand l'Alsace et l'Eglise étaient encore sous l'impression des malheurs qui venaient de les frapper. Mgr Ræss, échappé à l'horrible bombardement de Strasbourg, allait se présenter à Pie IX dépouillé et captif. Sublime rencontre, que celle de ces deux vieillards qui, tous deux Princes de l'Eglise, avaient rendu de si éminents services à la cause de Dieu. Ceci nous amène aux événements qui, immédiatement après le Concile, ont ébranlé le monde et pesé si lourdement sur l'évêché de Strasbourg.

Le Concile et la guerre se suivirent avec tant de rapidité que l'on se voit obligé d'admettre que l'une a été amenée par l'autre, au moyen de ces fils mystérieux qui, seulement plus tard, deviennent visibles à l'œil du chrétien réfléchi. D'un autre côté, dans l'hypothèse que la guerre, même à l'insu et contre la volonté des deux partis, a été la réponse à la proclamation de l'infaillibilité, alors de cette guerre devait nécessairement sortir une autre guerre contre l'Eglise, guerre ouverte et non plus secrète comme celle que Napoléon lui faisait depuis dix ans. Napoléon rêvait une Eglise nationale : qui sait ce que, en cas de succès, il aurait osé !!!.. Des instruments trop dociles, hélas! avaient déjà été préparés pour réaliser son inique dessein. Aujourd'hui nous savons ce qu'il en advint; mais il paraît que le vaincu de Sedan a remis à son vainqueur le portefeuille rempli de ses projets de persécution. La guerre et la misère qui en est la conséquence naturelle étouffèrent les désirs séparatistes qui avaient germé dans quelques têtes et facilitèrent aux évêques la promulgation du Dogme défini. Cela réussit en France; en Allemagne, le gouvernement essaye d'atteindre par lui-même le but vers lequel il espérait vainement que le conduiraient les évêques; mais ces efforts n'amenèrent qu'une violente persécution. Or, pour l'Eglise catholique, la persécution produit des effets beaucoup moins nuisibles que la division et le schisme; bien plus, elle est utile à l'Eglise comme la tempête à l'arbre qu'elle émonde en le secouant.

Peu après la déclaration de guerre, circulaient mystérieusement de mauvais bruits en Alsace. Dans des villages non catholiques, on se disait en secret que les turcos devaient marcher vers le Rhin pour couper la tête aux paysans protestants, que les prêtres catholiques avaient reçu des caisses pleines de poignards et qu'ils les avaient distribués à leurs fidèles, afin de massacrer les protestants. Quand l'armée du prince royal traversa le Palatinat, on disait que les curés et les vicaires ultramontains cherchaient à empoisonner les soldats de l'armée allemande. Ce qu'il y a de plus surprenant c'est que le peuple du *libre examen* ajoutait foi à ces stupides rumeurs. D'où partaient-elles ?......... Au début de la guerre, beaucoup de prêtres alsaciens furent maltraités principalement par les éclaireurs badois, traduits devant les conseils de guerre et emprisonnés, menacés d'être fusillés, et la menace devint une triste réalité pour l'un deux, tout cela sous prétexte *qu'ils soulevaient le peuple contre les envahisseurs*. Dans le grand-duché de Bade on racontait que l'Évêque de Strasbourg avait prêché la guerre contre l'Allemagne, et ces fausses accusations furent répétées et propagées du haut des chaires par les ministres protestants et, plus tard, jusque dans les feuilles allemandes. Remonter jusqu'à la source de ces mensonges serait aussi difficile que triste ; il suffit de savoir que dans leurs auteurs, ils ont mis à découvert de l'impudence et du bourbier.

Nous arrivons au siége de Strasbourg, qui reste, comme fait de guerre moderne, une catastrophe unique par les terreurs et les dévastations qu'il causa. Les habitants de la ville croyaient encore, comme dans le bon vieux temps, qu'en temps de guerre, le soldat devait combattre contre le soldat et que les canons ne pouvaient être dirigés que contre des remparts et des murailles. Ils ne savaient pas qu'on pouvait exercer une influence morale sur les assiégés en bombardant les maisons et en massacrant autour d'eux leurs parents et amis, et ils furent amèrement désabusés quand ils virent leurs habitations en flammes et tomber de tous côtés dans les rues les imprudentes victimes qui les traversaient.

Comme le Palais épiscopal est situé dans le voisinage de l'hôtel du général et de la préfecture, objectifs principaux pour les batteries allemandes, il reçut une abondante pluie d'obus. Dans les étages supérieurs, les cloisons des chambres furent renversées, des grenades vinrent éclater dans le salon principal, et le mobilier, les planchers et les poutres furent mis en lambeaux. Un de ces projectiles meurtriers s'ouvrit un passage au-dessus de la tête du vénérable Vieillard, réfugié dans la cave avec ses vicaires généraux et quelques compagnons d'infortune qui se croyaient ainsi plus en sûreté étant auprès de lui. Heureusement il vint frapper obliquement contre la forte embrasure d'une fenêtre et tomba sur le plancher, qui vola en éclats; peu s'en était fallu qu'il l'eût percé précisément au-dessus du lit de repos de Mgr Ræss.

L'Évêque de Strasbourg célébra solennellement, comme d'habitude, dans sa cathédrale, la fête de l'Assomption ; c'est en ce jour qu'à vrai dire, commença le bombardement, qui fut continué jusqu'au 27 septembre : 42 jours d'épouvante et de dévastation!!! Entouré de ses vicaires généraux, Monseigneur Ræss passa ces jours horribles dans une disposition d'esprit facile à concevoir. Quelquefois, bravant les bombes, il se rendait aux ambulances, afin de relever les courages abattus; d'ordinaire, il travaillait, au bruit de la canonnade et à la lueur des incendies, à son histoire des *Convertis*, et consacrait le reste du temps à la prière pour sa ville et son pauvre peuple si éprouvé.

Mais bientôt le bombardement dépassa en horreur tout ce que l'on peut imaginer. Une nuit affreuse, telle que n'en virent pas de plus effrayante Troie et Jérusalem aux jours de leur désolation, fut la nuit du 24 août. Le sanctuaire et en même temps l'orgueil de l'Alsace, la cathédrale, fut bombardée; la bibliothèque, le Temple neuf, le musée de peinture, les plus belles maisons de la ville semblaient entourés d'un océan de flammes, et n'offrirent bientôt plus que le lugubre spectacle d'immenses brasiers ; et, pour alimenter ces incendies, les grenades sillonnaient de leurs arcs de feu le ciel illuminé. C'était aussi déchirant que sauvage, quand, au roulement de la canonnade, au sifflement des projectiles incendiaires, se mêlaient les cris sinistres et désespérés du gardien de la flèche appelant au secours.

Ainsi l'ennemi ne respectait rien, ni les églises, ni même la cathédrale ! Tout ce que la population avait pu craindre de plus effrayant, était surpassé. « Est-ce humain ? » se demandaient les assiégés, affolés de peur et révoltés d'indignation. On résolut d'envoyer une députation au quartier général allemand, pour faire des représentations au sujet de cette conduite inexplicable et pour demander, au nom du droit des gens et de l'humanité, que les bâtiments civils et les églises fussent respectés. L'impression du danger de tous avait formé parmi les habitants de la ville une union qui jamais ne s'était vue. Dans la même cave se trouvaient des catholiques disant le chapelet, des protestants lisant la Bible et des juifs récitant les prières du Talmud. En apprenant que la cathédrale aussi avait été atteinte, juifs et chrétiens oublièrent leurs maisons et leurs biens et même jusqu'au péril de leur propre vie, pour ne gémir que sur une seule chose, la destruction de cette relique.

Toutefois la religion devait faire entendre sa voix. Mgr Ræss résolut de se rendre au camp de l'ennemi pour demander, selon le droit des gens et de l'humanité, que le bombardement cessât contre une population inoffensive, contre les bâtiments civils et les églises, et que les femmes et les enfants pussent sortir de la place. Lorsque Mgr Ræss se présenta au quartier général pour prendre un sauf-conduit, il fut reçu par le préfet, les généraux et toutes les sommités catholiques, protestantes et israélites, et félicité de son courage et de son dévouement. Aussitôt quelques protestants et quelques juifs s'avancèrent et le prièrent de se faire escorter du directeur du consistoire et du grand rabbin. Voici la réponse que leur fit le courageux Prélat : « La mission que je vais remplir ne m'a été imposée par personne, pas même offerte; je me la donne à moi-même. Je sais combien elle est périlleuse, et je me ferais un cas de conscience d'y exposer des pères de famille.

Quant à moi, je puis et je suis disposé à sacrifier ma vie pour le bien public..... »

Mgr Ræss, marchant au nom du Dieu de miséricorde et de justice afin d'obtenir un traitement plus humain, se rendit donc au quartier général des assiégeants; mais ni le général de Werther ni le grand-duc de Bade ne se montrèrent pour entendre de sa bouche l'exposé de ses plaintes. D'abord l'intrépide Vieillard dut attendre pendant un temps fort long et fort mauvais (ce qui lui occasionna une sérieuse maladie), jusqu'à ce qu'il plût à ces messieurs de le recevoir; alors se présenta un adjudant nommé Lasinski, qui le renvoya avec quelques paroles doucereuses. Le bon Pasteur en fut écrasé, son cœur paternel était saignant; mais il dut revenir dans sa ville en traversant le faubourg de Pierre réduit en un monceau de cendres, et avouer à tous les malheureux qui se pressaient autour de lui, qu'il n'avait pu obtenir aucun adoucissement. La nuit suivante le bombardement redoubla d'intensité; la cathédrale et les hôpitaux étaient en flammes : c'était la réponse de l'assiégeant à l'héroïque et suppliante démarche de Mgr Ræss.

Pas un jour, à partir de cette époque, ne se passa sans qu'une pluie d'obus ne tombât sur la cathédrale. On dit même que les officiers de l'armée allemande (par conséquent *des hommes civilisés*) se faisaient un plaisir à prendre comme point de mire de leur canon la croix dominant la flèche de la cathédrale ! La croix fut cassée !!!

Mutilé, incendié, dégradé à l'intérieur et à l'extérieur, le majestueux monument se tint pourtant encore debout quand le vainqueur fit son entrée dans la ville. Ses blessures ne sont point encore cicatrisées, la pluie passe à travers ses voûtes mal fermées; mais il reste debout (1).

Depuis ce temps, un sort semblable a frappé l'édifice spirituel de l'Eglise d'Alsace. Puisse-t-il, à l'exemple de son inébranlable sanctuaire, s'élever au-dessus des persécutions, et dans la miraculeuse stabilité de celui-ci, voir une prophétique image.

(1) Quand parut cette brochure, la cathédrale n'était pas encore restaurée; depuis, on n'a cessé d'y travailler jusqu'à ce jour.

Cependant, un mal cruel, suite de sa tentative restée infructueuse, s'était déclaré chez le vénérable Prélat. Représentez-vous sa position. Au dehors le perpétuel grondement du canon, les ruines s'amoncelant sans cesse, les cris de douleur et de désespoir du peuple à la vue de la cathédrale, ce monument tant aimé, criblé de boulets : « Comment ! ils tirent aussi sur la cathédrale, c'est maintenant surtout que nous ne nous rendrons pas. » Et chez lui, un lit de souffrances et les grenades qui tombent sur sa demeure !..... Dans ce besoin extrême, l'âme de l'Evêque éprouvé eut recours à celle qui n'est pas en vain surnommée la consolatrice des affligés, et sur ses lèvres tremblantes de douleur se faisaient entendre ces mots : « *Monstra te esse Matrem*, Montrez que vous êtes notre Mère. »

Toutefois ces jours d'angoisse passèrent aussi ; le robuste Vieillard se remit peu à peu de tous ces coups, et, quand plus tard il retourna à Rome, il put dire à l'auguste Pie IX, à qui un calice non moins amer avait été préparé par les envahisseurs de la Ville éternelle : « Depuis la guerre je suis plus fort qu'auparavant ! » Et, chose remarquable, le Souverain Pontife, comme pour s'encourager et se raffermir lui-même, répéta tout bas : « Depuis la guerre, l'Evêque de Strasbourg est plus fort qu'auparavant. »

A Berlin et à Bade, Mgr Ræss fit, plusieurs fois, auprès de l'empereur d'Allemagne de loyales tentatives de rapprochement. — « Mais le *système*, uniquement le *système*. » (Des volontés, même royales, viennent se briser devant cet obstacle.) Au commencement, dans un sentiment de reconnaissance pour les succès obtenus, on se souvint de la parole biblique qu'en 1848, Frédéric-Guillaume IV avait prononcé : « Ma maison et moi, nous voulons servir le Seigneur. » La bonne discipline et la conduite pieuse des soldats catholiques, les nombreuses et belles promesses des premiers hauts fonctionnaires publics, firent espérer que l'annexion de l'Alsace, comme toute blessure, se cicatriserait peut-être un jour. Mais un revirement subit eut lieu : une influence connue renversa le parti piétiste ; un autre, qui se nomme *libéral* quoiqu'il foule aux pieds toute liberté de penser et d'agir, dicta pour l'Alsace-Lorraine la dépêche du 18 juillet 1871 : — *L'Ecole est non confessionnelle!* signé : Bismarck.

Alors sont venus fondre sur l'Alsace-Lorraine tous ces malheurs qui accablent les catholiques d'Allemagne, avec cette différence que dans les provinces annexées, la situation est pire, puisqu'avec ces malheurs de la paix, les Alsaciens-Lorrains ont encore à supporter les suites terribles de la guerre. D'un autre côté, le gouvernement de la dictature, servi par une autre série de fonctionnaires avait rendu sa tâche plus facile par cette déclaration : *Nous ne demandons pas la sympathie, nous exigeons l'obéissance.* En introduisant comme principe que *l'école est non confessionnelle,* on espérait gagner le parti libre penseur des francs-maçons ; mais même en cela on échoua. En général, rien n'a réussi, si ce n'est que le peuple se sent blessé dans ses intérêts les plus sacrés, en voyant que les écoles normales se déchristianisent, que l'éducation des enfants est soustraite à toute influence religieuse et que des institutions excellentes enviées à l'Alsace par des provinces voisines, sont obligées de disparaître les unes après les autres.

Quand, en tête d'une loi sur l'enseignement, comme celle qui a été imposée à l'Alsace-Loraine, un gouvernement déclare que *la haute surveillance et la haute direction de l'instruction à tous les degrés appartiennent à l'Etat,* il attente aux droits les plus saints et les plus sacrés qui appartiennent essentiellement à l'Eglise et à la famille, sur l'éducation et l'instruction de l'enfance. Quand un ministre (Delbruck) a dit au sujet du Concordat : — *C'est d'après notre interprétation qu'il doit être entendu,* alors il n'y a plus d'explication à demander et il n'y a plus de droit pour l'Eglise. Il ne lui reste que deux partis à prendre : ou elle se soumettra à l'Etat, à l'exemple des prêtres *assermentés* de France en 1792, pour tomber, avec le gouvernement, dans le schisme, dans l'apostasie et descendre jusqu'à la négation complète du Christianisme ; ou bien, se redressant dans une sainte indignation en face de son oppresseur, elle lui opposera son *non possumus,* et, bravant la confiscation, le cachot, l'exil et la mort, elle attendra le jour du triomphe, qui, pour l'Eglise, arrive tôt ou tard. Elle ne s'est pas courbée devant le dieu Voltaire, elle ne se courbera point devant le dieu Hégel. Elle a vu passer le philosophe moqueur et ses sanglants satellites de 93, et elle leur a survécu; elle verra passer de même le philosophe sceptique chanté par des professeurs outrecuidants, par d'impudents *reptiles*, et elle leur survivra.

En Alsace on se souvient encore des jours de la Terreur, et ce souvenir rend plus courageux pour le combat présent. Le pieux Evêque de Strasbourg n'oubliera pas qu'il reçut le baptême au temps où la Révolution avait décrété qu'il n'y a plus de Dieu.

— « La crainte à l'intérieur, et à l'extérieur l'épouvante causée par le glaive sans cesse tiré du fourreau » : cette parole énergique du Psalmiste dépeint la situation telle que l'a faite la sagesse d'Etat inspirée par Hégel.

Parmi les œuvres créées par le zèle de Mgr Rœss, et entourées, depuis des années, de toute sa sollicitude paternelle, les unes (un grand nombre, hélas !) ont été détruites; beaucoup d'autres sont encore menacées, et le siége épiscopal de saint Amand est devenu un calvaire. Mais le sentiment si souvent et si hautement exprimé par le Saint-Père, *la confiance inébranlable en Dieu*, remplit l'âme de l'illustre et vénérable Prélat. Il se souvient comment l'Eglise s'est relevée après que les flots de la tourmente révolutionnaire eurent porté leurs ravages sur les plaines de son pays natal; il sait avec quel succès il a travaillé lui-même à ce rétablissement: cela le fortifie et l'encourage;

Et quels que soient le bruit et la furie des vagues soulevées,
le rocher de la Foi défie toutes les tempêtes.

TABLE DES MATIÈRES

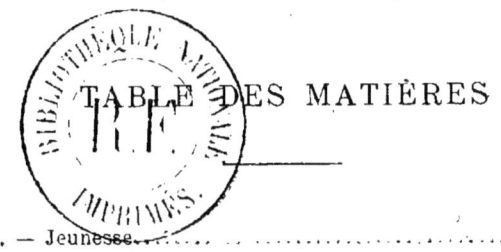

I. — Jeunesse 13
II. — Ecrivain 20
III. — Supérieur du Séminaire 33
IV. — Evêque 39
V. — Relations extérieures 51

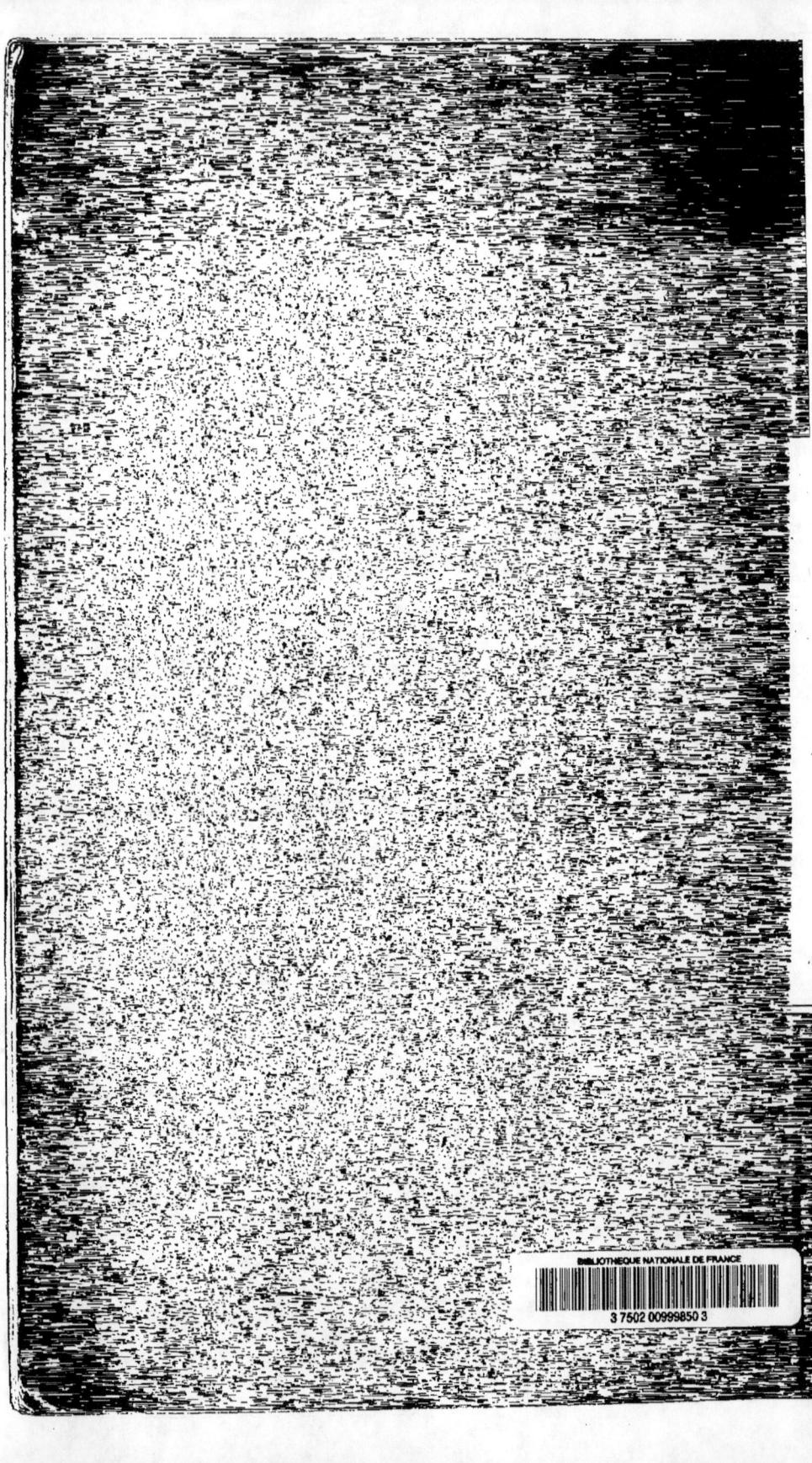

www.ingramcontent.com/pod-product-compliance
Lightning Source LLC
LaVergne TN
LVHW021007090426
835512LV00009B/2124